城市的诉说

中国出版集团 现代出版社

目录

目录

● 城市的释义

　　──提到城市,我们脑海中肯定会浮现出繁华的街道,熙熙攘攘的人群,直插云霄的高楼大厦,潮水般的车流。这些都是城市必不可少的组成部分。城市自公元前3000多年就出现,经过约5000年的发展,演变成现在的城市,想对城市的发展演变了解更多吗?我们就一起走入城市的发展历史中吧!城市,是以非农业产业和非农业人口集聚形成的较大居民点（包括按国家行政建制设立的市、镇）。

　　一般而言,人口较稠密的地区称为城市,一般包括了住宅区、工业区和商业区并且具备行政管辖功能。城市的行政管辖功能可能涉及较其本身更广泛的区域,其中有居民区、街道、医院、学校、写字楼、商业卖场、广场、公园等公共设施。

　　经济学对城市的定义:

　　城市是具有相当面积、经济活动和

住户集中，以致在私人企业和公共部门产生规模经济的连片地理区域。城市是各种经济市场——住房、劳动力、土地、运输等等——相互交织在一起的网状系统。

社会学对城市的定义：

按照社会学的传统，城市被定义为具有某些特征的、在地理上有界的社会组织形式。人口相对较多，密集居住，并有异质性；至少有一些人从事非农业生产，并有一些是专业人员；城市具有市场功能，并且至少有部分制定规章的权力；城市显示了一种相互作用的方式，在其中，个人并非是作为一个完整的人而为

人所知，这就意味着至少一些相互作用，是在并不真正相识的人中间发生的；城市要求有一种基于超越家庭或家族之上的"社会联系"，更多的是基于合理的法律。

地理学对城市的定义：

地理学上的城市，是指地处交通方便环境的、覆盖有一定面积的人群和房屋的密集结合体。

城市规划学对城市的定义：

《城市规划基本术语标准》：城市是以非农业产业和非农业人口集聚为主要特征的居民点。在中国，包括按国家行政建制设立的市、镇。

影响城市形成的因素〉

具体来说，城市的分类大体上有以下几种：

行政上或法律上的城市

这是由政府通过行政或法律程序，划分出以人口集聚的聚落为中心的地域范围作为城市行政单位，并由其行政当局负责该城市的行政、经济、社会等方面的事务管理工作。这种城市有明显的边界，但是划分的标准各国不一。印度是以5000人的聚落作为城市界定的低限；美国人口普查局规定人口密集区以2500人作为城市的低限；而南非则把超过500人的聚落划作城市。联合国建议对集中居住的人口超过20 000人的地点作为城镇的低限，或作为城市看待，以资国际间作对比研究，供各国在进行人口调查，或其他官方调查作为统计的标准。

机能上的城市

一个城市的影响范围往往超出其行政上的管辖界限或相邻的郊区。例如，很多人住在城市以外很远的地方，要坐车到城市中去工作，也有的人是进城买物品。另一方面，城市的电视台和报纸对周围地区也产生影响。为了确定一城市的机能区，美国人口普查局提出一种方法，这种机能区就称为标准化大城市统计区。它是指区内中心城市人口至少是50 000人，该中心城市所在的县，以及只有符合下列条件之一的邻县才属于该城区。

1. 居民中有75%的人在农场以外从事工作。

2. 该县的居民在中心城市工作的人占其人口的15%以上。

3. 住在中心城市的社区中的人占该县从事工作的人超过25%。

4. 该县的人口密度至少达到每平方千米58人。

在1980年，美国属于这种区的有288个。问题是这种区中包含有大量的非城市化的地区。例如，美国288个这种区占美国国土的20%，而其中城市化地区只占美国国土的2%。

从上述情况看到，世界各国的标准是很不一致的。虽然各国关于城市化的统计数字很难精确地比较，但是仍能提供一个总的轮廓。

● 城市的起源和发展

因"城"而"市"和因"市"而"城" >

　　城市的出现,是人类走向成熟和文明的标志,也是人类群居生活的高级形式。

　　城市的起源从根本上来说,有因"城"而"市"和因"市"而"城"两种类型,因"城"而"市"就是城市的形成先有城后有市,市是在城的基础上发展起来的,这种类型的城市多见于战略要地和边疆城市,如天津起源于天津卫;而因"市"而"城"则是由于市的发展而形

成的城市，即是先有市场后有城市的形成，这类城市比较多见，是人类经济发展到一定阶段的产物，本质上是人类的交易中心和聚集中心。城市的形成，无论多么复杂，都不外乎这两种形式。

早期"城市"的形成〉

早期，人类居无定所，随遇而栖，三五成群，渔猎而食。但是，在对付个体庞大的凶猛动物时，三五个人的力量显得单薄，只有联合其他群体，才能获得胜利。随着群体力量的强大，收获也就丰富起来，抓获的猎物不便携带，找地方贮藏起来，久而久之便在那地方定居下来。一般人类选择定居的地方，都是些水草丰美，动物繁盛的处所。定居下来的先民，为了抵御野兽的侵扰，便在驻地周围扎上篱笆。随着人口的繁盛，村落规模也不断地扩大，猎杀一只动物，整个村落的人倾巢出动显得有些多了，且不便分配，于是村落内部便分化出若干个群体，各自为战，猎物在群体内分配。由于群体的划分是随意进行的，那些老弱病残的群体常常抓获不到动物，只好依附在力量强壮的群体周围，获得一些食物。而收获丰盈的群体，不仅消费不完猎物，还可以把多余的猎物拿来，与其他群体换取自己没有的东西，于是早期的"城市"便形成了。

学术界关于城市的起源有三种说法：

一是防御说，即建城郭的目的是为了不受外敌侵犯；

二是集市说，认为随着社会生产发展，人们手里有了多余的农产品、畜产品，需要有个集市进行交换。进行交换的

地方逐渐固定了，聚集的人多了，就有了市，后来就建起了城；

三是社会分工说，认为随着社会生产力不断发展，一个民族内部出现了一部分人专门从事手工业、商业，一部分专门从事农业。从事手工业、商业的人需要有个地方集中起来，进行生产、交换。所以，才有了城市的产生和发展。

城郭的由来

　　一些地方，生活着同样的村落，村落之间常常为了一只猎物发生械斗。各村落为了防备其他村落的侵袭，便在篱笆的基础上筑起城墙。《吴越春秋》一书有这样的记载："筑城以卫君，造郭以卫民。"城以墙为界，有内城、外城的区别。内城叫城，外城叫郭。内城里住着皇帝高官，外城里住着平民百姓。这里所说的君，在早期应该是猎物和收获很丰富的群体，而民则是收获贫乏、难以养活自己，依附在收获丰盈的群体周围的群体了。人类最早的城市其实具有"国"的意味，这恐怕是人类城市的形成及演变的大致过程。

社会经济发展对城市形成的影响〉

古代的城市发生于世界古代的文明发祥地区。最早的城市雏形可以说是耕

地城市，在城垣之内，耕地牧场并存，而它们往往超过宅地和家屋的面积。如我国发掘公元前1300年左右的殷代城市遗迹，埃及发现的公元前3000年的古都卡芬遗迹，均有简单的围壁，内部为简略宅地及大片耕地。

随着生产力发展水平的提高，人们有可能建造大城市，于是城市的规模和布局发生了根本变化。我国早在公元前1000年左右的周王朝，就有计划地建设了都城，城市中商业和手工业相当发达。后来发展到洛阳、长安等古代闻名于世的，规模巨大、规划井然的大城市。

从欧洲看，到15世纪末，许多城市尚不具备大城市的规模，城市仍带有半农、半牧的性质。当时德国的法兰克福、莱比锡等城市内尚住有大量牧民，晚间将牲畜赶入城内甚至室内。

产业革命以后，由于工业的飞速发展，生产力空前提高，使世界城市面貌发生了根本变化。城市的规模扩大，城市内部也产生了明显的地区差异，现代城市规划也随着发展起来。在世界上才有可

能形成像伦敦、巴黎、纽约、波士顿、芝加哥、东京、莫斯科等的大城市。

从美国城市的发展可以更好地看出社会经济发展对城市发展的影响状况。美国从1625~1850年只有24个2500人以上的中小城市，没有一个10万人以上的城市。当时运输方式是马车与船。这24个城市绝大多数分布在沿海、沿河、沿湖地带，都是一些商业城市。只是1800年以后由于沿瀑布线地带的城市利用瀑布做动力才发展起具有工业性质的城市。由于1830年后铁路的铺设，工业的发展使美国经济逐渐向内地发展。到1850年，2500人以上的城市已发展到236个，而且出现6个10万人以上的城市。但城市多为港口或者铁路枢纽。1880年以后，随着煤、铁

城市地域和大量卫星城市。到1940年，由于飞机的利用和直升飞机的普及，2500人以上的城市已达3464个，10万人以上的城市达92个，百万人口以上的城市已有5个。

政治因素对城市形成的影响

一些政治事件对某些城市形成、发展影响极大，甚至对某些城市具有决定性的影响。例如，巴西1889年成立共和国时宪法规定要在戈亚斯州建首都。1956

矿的开采，欧洲、亚洲移民的大量移入，以及铁路网的逐渐形成（1890年总长达26.3万千米），在东北部地区形成了大量工业城市，2500人以上的城市已发展到939个，10万人以上城市达20个，纽约人口已超过100万，芝加哥、费城也向百万人口城市发展。

1910年以后，尤其是1920年开始利用汽车以后，美国经济发展迅速，城市处于暴涨的时代，2500人以上的城市2262个，10万人以上的城市达50个，已有3个百万人以上的大城市，洛杉矶、底特律也都向百万人口城市发展。同时还形成了大

年才开工在荒无人烟之地建立首都巴西利亚。1957年时巴西利亚人口仅1.2万人，1960年国家机关正式迁入，使人口增到14万，1980年人口跃增到41万。

交通条件对城市形成的影响>

交通是地区联系和物资交流的重要手段。重要城市皆为交通枢纽，并以交通网使它与腹地联系起来。交通建设可促使某些城市的形成与发展。例如二连浩特，原为一荒村，建国后由于北京至乌兰巴托铁路的建设，使它成为中蒙边界的重镇，并设市制，现在人口已达7万人。再如，美国得克萨斯州南部与墨西哥接境处有一条90号公路，未建公路前只有铁路，从公路建设后铁路运输的作用日益衰退。格朗特里18世纪末曾是铁路上的一个运输基地，人口曾经达到3000人。随着公路建设，铁路运输受到严重打击，1950年人口降至400人，1980年仅有40人了。

文化因素对城市形成的影响>

人类的文化活动，往往也能促使城市的形成和发展。例如，宗教活动，使世界形成许多宗教城市，如耶路撒冷、麦加、麦地那、梵蒂冈、拉萨、成田（日本）、伊斯坦布尔、布达加雅（印度）等等。教育科技也可以促使城市的形成和发展。例如，英国的剑桥、牛津，美国的

普林斯顿，比利时的卢旺等均为著名的大学城。日本的筑波、苏联的普希诺、美国的硅谷、法国的南法兰西岛科学城等均为世界著名的科技城。历史古迹、旅游胜地等都可以促使城市形成和发展。

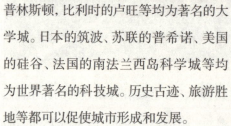

圣城：耶路撒冷〉

　　耶路撒冷是巴勒斯坦的中部城市，世界闻名的古城。居民主要是犹太人和阿拉伯人。

　　在阿拉伯语中，耶路撒冷的名称意思是圣地，在词前加冠词成为，特指圣城耶路撒冷。同样的，意为房屋、住宅，意为神圣的人、圣洁的人，两词合起来组成则特指圣城耶路撒冷，字面意思也是圣人之家，即圣地。

　　耶路撒冷在3个亚伯拉罕宗教——犹太教、基督教和伊斯兰教以及其他许多较小宗教团体，如巴哈伊教。2000年耶路撒冷统计年鉴显示，该市市内拥有1204座犹太会堂、158座教堂和73座清真寺。不过，耶路撒冷既是宗教之间和平共存的港湾，也引起过许多争论，特别是关于圣殿山。

　　自从前10世纪，所罗门圣殿在耶路撒冷建成，耶路撒冷一直是犹太教信仰的中心和最神圣的城市。耶路撒冷对于

犹太教的象征价值始终未变。被毁前的耶路撒冷圣殿内的至圣所藏有约柜，是犹太教最神圣的所在，只有大祭司一人才有资格一年进入一次至圣所。而以色列全体男丁必须一年三次来到耶路撒冷，过宗教节日。目前，全世界的犹太会堂祈祷时仍要面朝耶路撒冷，建筑如果可能也设计成朝向耶路撒冷，朝向至圣所所在的地方。西墙，作为第二圣殿的残迹，是犹太教除圣殿山以外最神圣的地点。

基督教尊敬耶路撒冷，不仅是因为它在旧约中扮演的角色，也是因为它在耶稣一生中的意义。根据《圣经》记载，耶稣在出生后不久就被带到耶路撒冷，后来他又来到洁净第二圣殿。耶稣最后晚餐的地址位于锡安山，紧靠大卫墓。耶路撒冷另一个重要的基督教遗迹是各各他，就是耶稣被钉十字架的地方。约翰福音只是说这地方位于耶路撒冷城外，但最近的考古证据显示各各他位于距离耶路撒冷旧城城墙不远处，就在如今城市范围之内。该地现在被圣墓教堂占用，过去2000年间，各各他一直是基督教首选的朝圣地点，老城街头也常有朝圣者

重走耶稣上十字架前所走的"苦路"（14站）。

在他52岁时的一个夜晚，随天使麦加来到耶路撒冷，踩着一块岩石，并上七重天，接受天启，黎明赶回麦加，这次神奇的"夜行登霄"，记载在《古兰经》的夜行篇中，这样耶路撒冷又成为仅次于麦加和麦地那的第三个圣地。

犹太人的伤心地——哭墙

公元 70 年，罗马帝国皇帝希律王统治时期，极力镇压犹太教起义，数十万犹太人惨遭杀戮，绝大部分犹太人被驱逐出巴勒斯坦地区，耶路撒冷和圣殿几乎被夷为平地，该墙壁为同一时期希律王在第二圣殿断垣残壁的遗址上修建起的护墙。直至拜占庭帝国时期犹太人才可以在每年安息日时获得一次重归故里的机会，无数的犹太教信徒纷纷至此，面壁而泣，"哭墙"由此而名。

特别是第二次世界大战期间，惨遭德国法西斯杀害的犹太人达 600 万之多。这些惨痛的历史遭遇，深深地印在犹太人的心灵之中，哭墙便更被犹太人视为信仰和团结的象征。直到如今，哭墙脚下经常有来自世界各地的犹太人，他们或围着一张张方桌做宗教仪式，或端坐在一条条长凳上念诵经文，或面壁肃立默默祈祷，或长跪在地悲戚啜泣。逢宗教节日，祈祷者及游人更多。哭墙分为两部分，中间隔一栅栏，男女分开祈祷。入男部，需戴上用纸做的小帽，否则被视为异教徒而不准入内。在做正式祈祷时，要准备好两个装"圣书"语录的小羊皮袋子，一个戴在头上，另一个捆在手臂上，身上披一件特制的披肩。教徒们在祈祷时，面对哭墙，口中念念有词，全身前仰后合，虔诚之态令人肃然起敬。

1967 年，以色列占领整个耶路撒冷。近 2000 年来，西墙首次处于犹太人控制之下。以政府在西墙前辟出宽阔的广场，每逢阵亡将士纪念日、大屠杀纪念日、犹太新年、赎罪日等重要的国家或宗教节日，便在此举行纪念活动或宗教仪式。"哭墙"所在的破败街

区后被拆除，成了一片宽阔的铺砌广场。虔诚的犹太教徒热切希望能重建这一圣殿，但那是不可能的，因为那将意味着要拆除后来在遗址上建起的穆斯林圣所。在圣殿地基附近还建有一座犹太教堂和一座拉比学馆。

自然条件对城市形成和发展的影响

社会经济条件是城市形成和发展的先决条件，而自然条件则是城市形成和发展的自然基础。社会因需要而发展城市，而城址又往往选于自然条件优越、符合社会需要的地点。

地质条件与城市的形成

地质条件是城市建设与发展的固体基础。岩石裸露处不便于城市的建设，岩石风化形成的砂、砾、黏土层便于人类活动和城市的发展。

地质条件在生产力低下的情况下影响较大。例如，日本建设平安京（现京都）时，当时建有左、右对立的二京，然而，左京很快就衰落荒废。这与其地基由腐殖黏土组成、水质恶化、排水困难等因素有一定的关系（当时受生产力水平限制，无力改良水质和排水）。所以后来京都发展主要向由花岗岩风化的沙土地的东北部扩展。

地形与城市的形成 >

从地形上看,平原最适宜城市的形成和发展。地势平坦便利,市域广大,利于各种交通的发展,也有利于发展农业。所以世界上重要城市多分布于平原区。如我国的上海、北京、广州、汉口等。世界上的大城市,如纽约、伦敦、柏林、巴黎、东京、芝加哥、莫斯科、加尔各答等也皆位于平原区。据1937年时的统计,当时中国有193个5万人以上城市,其中90个分布于平原区,83个分布于丘陵地区(二者占全国城市的90%)。

热带平原地区潮湿,气温高,不适于人类居住,人口和城市则主要分布于高原或高山地区。如厄瓜多尔的人口3/4以上居住在平均高度2500米以上的山间盆地。世界著名的大城市墨西哥城有上千万人,就位于2356米的高地上;人口约四五百万的波哥大城位于2640米的山间盆地中。

在两种地形的接合点上,也有利于城市的形成。因为平地与山地之间,便利交通,而且不同地区的产品差异,易形成贸易中心。日本的东京、大阪、名古屋都位于台地与平原的接合点上。另外,谷口或者溪口地带也利于城市的兴起。张家口位于华北平原与内蒙高原的交接点上,很早就形成货物集散中心。

气候与城市的形成 >

从世界来看，大部分城市，尤其是大城市多位于适于人类生活的温带地区。气候条件往往影响城市性质。日本的大阪、英国的兰开夏成为世界早期著名的纺织工业城市，与当地气候条件（温暖、多雨、空气湿度大等）有一定的关系。

城市的小气候对于城市发展也有重大影响。例如西欧的城市多受西风影响，大城市扩展时多向西方发展，处于"上风带"不易受工业烟尘和污染物影响。以伦敦为例，市区西部多为上流住宅，市区东部多为贫民区。

矿产与城市 〉

产业革命以后，某些大的矿物产地迅速发展成为新建的工业城市。

在矿产资源中，最早大量利用的是煤炭。我国的大同、鹤岗、鸡西、抚顺、开滦、阳泉、淮南、淄博等都是重要煤炭工业城市。英国的五大工业中心区，除伦敦地区外，其余四个均是由煤炭基地发展起来的：第一，中部的黑乡，以伯明翰、曼彻斯特为代表；第二，北部以哥拉斯哥、爱丁堡为代表的苏格兰低地；第三，英格兰东北部的纽卡斯尔；第四，威尔士东南部的加的夫地带。其他国家以煤炭为基础发展起来的城市也很多，如苏联时期的库兹巴斯、顿巴斯等。

以铁矿为基础发展起来的城市，如巴西的见奥里藏特；我国的鞍山、包头、攀枝花等。另外，南非的金伯利以产金刚石闻名于世，约翰内斯堡以产金著称；伊朗的哈尔克以盛产石油而兴起；我国大庆原为"北大荒"的一个小居民点，开采石油后，现已发展成为举世闻名的大油田和重要的石油化工城市。此类例证之多，不胜枚举。但是在矿产地发展起来的城镇，一旦矿藏耗竭，城镇有可能逐渐衰落下去，澳大利亚西部的金矿城市就是如此。

城市的血液——能源 〉

能源相当于城市的血液,它驱动着城市的运转。现代化程度越高的城市对能源的依赖越强,因为能源在维系城市的许多重要功能,比如照明、交通、餐饮、供暖、降温和自动化管理系统。

当城市的能源主要依靠燃烧化石燃料(煤炭、石油、天然气)而获取时,能源消耗越高,越会影响城市的可持续发展。一是因为大量燃烧化石燃料会带来多种环境问题(尤其是气候变化问题),二是由于化石燃料不可再生,资源终将枯竭。

不少人把美国的经济模式看成是一种成功的发展模式。然而美国的环境科学家波特金和爱德华·凯勒在他们1995年撰写的《环境科学》一书中坦率地指出了美国社会对三大化石燃料的依赖,并指出了美国社会对能源的使用存在很大的浪费(约有50%的能源被浪费掉了)。因此,从建立可持续发展城市的角度来看,照搬美国现有的城市模式可能会带来很大的能源消耗负效应。

城市有良心吗 >

150多年前，雨果说下水道是"城市的良心"，这句名言至今仍对我们有现实的意义。巴黎、伦敦等城市地下排水系统是高效的"地下公共廊道"，赣州建于宋代的城市排水系统能使城市千年不涝，都值得借鉴。

到一个陌生的国度，如何分辨它是否发达？或许最好来一场倾盆大雨，足下他3个小时。如果你撑着伞溜达了一阵，发觉裤脚虽湿却不肮脏，交通虽慢却不堵塞，街道虽滑却不积水，这大概就是个先进国家；如果发现积水盈足，店家的茶壶头梳漂到街心来，小孩在十字路口用锅子捞鱼，这大概就是个发展中国家。

城市的热岛效应？

城市的主要发热源有：由交通工具排放的热量和温室气体，由工业活动排放的热量和温室气体，由商业活动排放的热量和温室气体和由居住生活排放的热量和温室气体（如烹饪、取暖、降温等）

城市散热慢的原因有：空气中的粉尘保留和反射城市表面释放的热（城市空中的粉尘量一般比郊区高10倍以上）；水泥墙面、硬化路面、楼房屋顶对太阳的热量进行吸收并向环境释放；城市建筑密集而引起正常的空气流动不畅（风速一般减少20%-30%）和城市的无风天气比郊区多20%。

热岛效应的危害：使城市气候舒适度变差；加重能源消耗（比如增加对降温电器的使用）；加重空气污染；增加水资源消耗；增加病菌繁殖的条件和对城市生存物种会影响生态平衡。

城市中的生态资源 〉

在以水泥构造为主的城市环境中，人们常误认为大自然是存在于城市环境之外的东西。其实，大自然中的许多生命也能在城市环境的多个角落中生长起来。它们不仅构成了城市环境的生态，而且为居住在城市中人们提供着多种自然的美感，为孩子们提供着认识生命的机会。

您生活环境的周边，您看到哪些类型的自然物种（也叫乡土物种）呢？如果您能看到的种类越多样，就越说明您居住的城市具有好的生态质量。城市中的生态资源主要有：野草地、攀缘植被、灌木丛、树林地；昆虫、鸟类、小动物、水生生物。

31

● 城市兴起区

据研究,世界上最早的城市出现在埃及、美索不达米亚、恒河流域、黄河流域和中美洲等五处。

埃及 >

城市起源于大约公元前3200年。据称第一王朝美尼斯所建的首都城市孟菲斯，因其土坯墙壁涂为白色，而得名为白墙，但现在大多已不复存在。第二王朝在阿拜多斯建的城堡，虽然规模很小，但为埃及最古老的城堡，城墙用粗糙土坯砌成，外侧有护墙和壕沟，内设神庙及其他设施。

现留下较完整的城市遗址是第十二王朝（公元前1991~1786年）的卡宏城，它位于开罗以南约100千米处。该城呈长方形，边长380米×260米，围有城墙，其内分东西两部分。东部为贵族区，西部为贫民区。房屋和街道排列整齐。它的格局在古埃及普通城镇中具有代表性。

孟菲斯古城

美索不达米亚 >

美索不达米亚的城市出现的时期与埃及大体相同。其著名的城市遗址是乌尔。它位于伊拉克的巴格达市东南约300千米的幼发拉底河畔。大约在距今5000年以前，乌尔已发展为强盛的城邦。乌尔第三王朝时（公元前2113~2006年），以其作为首都，同时它也是当时两河流域南部的宗教和商业中心。

该城市建于公元前2200~2100年，呈卵形，南北长约1000米，东西宽约600米。周围筑有城墙，在北端和西端各有一码头。城中央的西北部有塔庙、庙宇与王宫组合在一起，成一城寨。此外，城中还有城堡和陵墓。塔庙是最重要的宗教建筑，分4层，基长62.5米，宽43米，顶部有神庙。该塔庙是祭神和观察天象用的建筑。

巴比伦城建于现伊拉克首都巴格达以南约90千米处。公元前19世纪，该处即为一城市，其国王汉谟拉比统一两河流域，建立巴比伦王朝，以此为首都。新巴比伦王尼布加撒二世（公元前605~562年）扩建该城。据记载，该城面积为88平方千米，人口50~60万。城为长方形，跨幼发拉底河两岸，有3道城墙，9个城门。

城中心大道两侧是神庙，著名的塔庙在西侧，有7层，比乌尔的还多3层，高达91米。南北大道北端西侧有皇宫，分南、北两处。南宫东北部为有名的"空中花园"所在地。

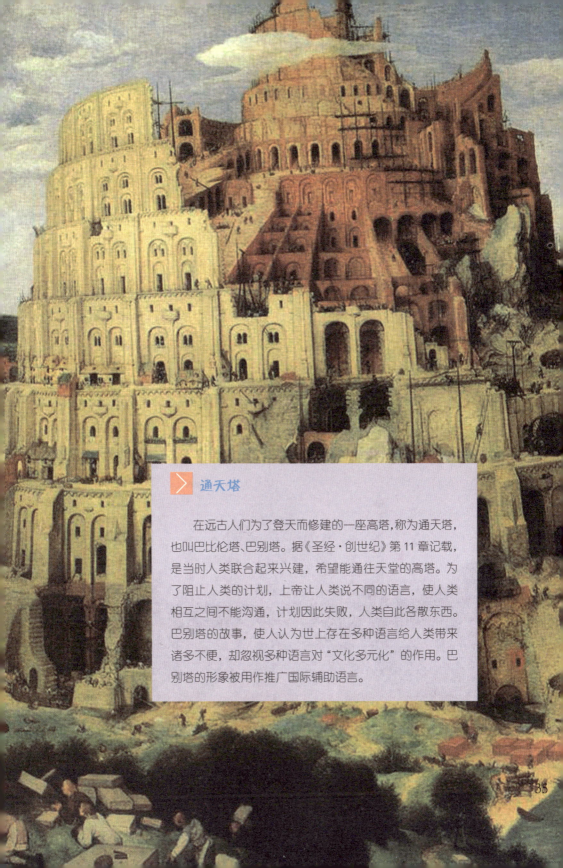

通天塔

在远古人们为了登天而修建的一座高塔,称为通天塔,也叫巴比伦塔、巴别塔。据《圣经·创世纪》第 11 章记载,是当时人类联合起来兴建,希望能通往天堂的高塔。为了阻止人类的计划,上帝让人类说不同的语言,使人类相互之间不能沟通,计划因此失败,人类自此各散东西。巴别塔的故事,使人认为世上存在多种语言给人类带来诸多不便,却忽视多种语言对"文化多元化"的作用。巴别塔的形象被用作推广国际辅助语言。

城市的诉说

CHIEN GSHI DE SU SHUO

恒河流域 〉

印度文明首先出现于现巴基斯坦境内的恒河两岸。早期的重要城市有哈拉帕和摩享佐达罗。前者位于北部旁遮普邦的拉维河左岸，后者位于南部，在信德邦的拉尔卡纳县境内。这两座城市大约在公元前2550~2000年间建立。

哈拉帕城面积有数百公顷，位于高地上，周围有高厚的城墙，呈整齐的长方形。城内街道宽直，两旁房屋排列整齐。房屋一般为2层，用砖砌成。城中还发现了一些大型建筑遗址，这里可能是宫廷或兵营。城中设有卫城，其北面设有谷仓遗址。

摩享佐达罗，面积达2.5平方千米，人口估计有三四万人，城市近似长方形。城内街道排列得十分整齐，呈十字交叉状。房屋用烧制过的红砖砌成，房屋是平顶，部分是2层的。城中"卫城"位于西部地势高处，是统治阶层的住地，四周设有壕沟和城墙。其北半部中央有一大浴池，这可能是某种宗教仪式的建筑物。池西有大谷仓。卫城的南部可能是会堂和寺庙。整个城市已有良好的排水系统。

哈拉帕

中国黄河流域 〉

　　据早期的文字反映，在夏朝时已筑有城。但迄今从考古发掘的遗迹确认，中国最早的城市在郑州市中心及北关一带的商城，据考证，商城为商王仲丁的傲都，距今已有3500年历史。

　　该城的平面图形接近长方形，南北长2000米，东西宽1700米。城墙为夯土，相当坚实。城内房屋有地上的、半地下的、甚至有完全在地下的穴。墙由板筑成，房基中加有白灰夯实。住房有大小，

大房附近有储藏谷物的窖穴。在南、北、西三面城墙外发现有大量的铜器、骨器、陶器以及酿造坊。由于现在只挖掘出一部分，整个面貌尚不清楚。

　　周时，原都城在今西安市向西不远的丰、镐两地附近，后迁至今洛阳。在洛阳市涧河旁发现的夯土城墙遗迹可能即为周王城。其外形为不十分规则的方形，周长有"方九里"的记载。

中美洲 〉

在美洲，城市起源最早的地区在中美洲。其中，最古老的城市为代表玛雅文明的蒂卡尔，与代表托尔特克文化的特奥蒂瓦坎。

蒂卡尔位于危地马拉的东部，是玛雅地区中央低地的主要古典文化中心。大约在公元初期，该地出现城邦，到9世纪时衰落。城区面积较大，估计约有40 000名居民。城中央是祭祀和行政管理中心。众多的金字塔式台庙，官殿和官署组成复杂的建筑群，加上道路、广场、球场等卫城十分壮观。衰落后消失在森林中，直到上个世纪才被发掘，为世人所知。

特奥蒂瓦坎位于墨西哥城东北48千米处。公元1世纪，此地已有城市，5世纪前后达到鼎盛时期，毁于8世纪后半叶。城区建筑呈棋盘形。最盛时面积达21平方千米，人口约10万。现留下的遗迹有100多个金字塔台庙，著名的有太阳金字塔和月亮金字塔，在中心还有其他神殿和宫殿，外围有贵族住宅，再外围有商人和农民居住区。

广受世人关注的玛雅文明，堪称世界文明史上的奇葩。玛雅文明因第安玛雅人而得名，是美洲印第安玛雅人在与亚、非、欧古代文明隔绝的条件下，独立创造的伟大文明，其遗址主要分布在墨西哥、危地马拉和洪都拉斯等地。玛雅文明诞生于公元前10世纪，分为前古典期、古典期和后古典期三个时期，其中公元3~9世纪为其鼎盛时期。

玛雅文明是哥伦布发现美洲大陆之前人类取得的。它在科学、农业、文化、艺术等诸多方面都作出了极为重要的贡献。相比而言，西半球这块广阔无垠的大地上诞生的另外两大文明——阿兹台克文明和印加文明，与玛雅文明都不可同日而语。

但是，让世人们百思不得其解的是，作为世界上唯一一个诞生于热带丛林而不是大河流域的古代文明，玛雅文明与它奇迹般地崛起和发展一样，其衰亡和消失充满了神秘色彩。8世纪左右，玛雅人放弃了高度发展的文明，大举迁移。他们创建的每个中心城市也都终止了新的建筑，城市被完全放弃，繁华的大城市变得荒芜，任由热带丛林将其吞没。玛雅文明一夜之间消失于美洲的热带丛林中。

到11世纪后期，玛雅文明虽然得到了部分复兴，但相较于全盛时期，其辉煌早已不比往昔。随着资本主义海外扩张的血腥行动的到来，玛雅文明最后被西班牙殖民者彻底摧毁，此后便长期湮没在热带丛林中。

18世纪30年代，美国人约翰·斯蒂芬斯在洪都拉斯的热带丛林中首次发现了玛雅古文明遗址。从此以后，世界各国的考古学家在中美洲的丛林和荒原上又发现了许多处被弃的玛雅古代城市遗迹。玛雅人在既没有金属工具，又没有运输工具的情况下，仅仅凭借新石器时代的原始生产工具，便创造出了灿烂而辉煌的文明。

希腊、罗马时期 〉

西方的城市发展始于希腊。在公元前600年时，仅希腊半岛及其附近岛屿上的城镇就有500多个。后来随着希腊人向外扩展，地中海沿岸地区也陆续兴起城市。那时城市不大，很少超过5000人。可是，到公元前5世纪时，雅典城的人口可能已达到30万人。

希腊城市内有卫城和人民会场。这是两个明显不同的功能区。卫城即城中城，其中有庙宇、仓库和权力中心。同时，它也是防守的最后据点。因此，卫城可以说是有权阶层的住地。人民会场与其相反，它是公民们活动的地区。群众集会、议事、社会交流、审判等活动场所，也是民众活动中心，希腊民主生活的枢纽。后来，商业活动的增强，市场作用占主要地位。因此，除神庙、祭台和议事厅以外，还有许多供商业活动的广场。在其周围则有许多饮食店。

早期希腊城内，尽管有讲究的公共建筑，但是街道狭窄弯曲，道路泥泞，垃圾遍地，平民住房也十分简陋。这反映出当时的城市建设缺乏规划。可是，以后在地中海周围希腊殖民地中建起的城市有明显的变化。例如，意大利半岛上的当时

希腊城市，街道呈棋盘式，平直而宽敞，街区也相对均一。

随着罗马帝国兴起和对地中海周围地区的控制，中心城市转向了罗马。特别是随着罗马帝国在阿尔卑斯山脉以北的扩展，使当地城市发展起来，并受到影响，这可从地名上反映出来。由于军营驻地往往是城市发端的基础，也称为营寨城。故"军营"（开斯特）成为一些地名

41

的后缀, 如英国的兰开斯特和温切斯特, 都是具体的反映。

罗马城内的格局与功能分区受希腊的影响, 街道呈方格状, 直角相交, 在两条大街的交会处通常是广场的所在地。但是罗马人把希腊的卫城与人民会场结合在一起。这里不仅有宗教活动的庙宇, 行政办公的公共建筑、仓库, 还有为公共服务的图书馆、学校以及繁荣的市场。

后来由于建筑技术的发展, 广场附近豪华的王宫, 郊外别致的别墅等高级住宅出现, 内有干净的卫生设备与舒适的取暖设备。城市的给排水系统有很大发展。可是, 城市中一般平民不论是住房还是周围环境条件都十分恶劣。

罗马在选择城市地址时特别注意交通位置, 不单是城市本身的出入条件, 还注意其彼此的相互联系。尽管罗马帝国崩溃后城市也衰落了, 但像巴黎、伦敦、维也纳等, 仍然是在其旧址发展起来的城市。

中世纪时期 >

在公元4世纪时，罗马帝国衰落。最后，终于在蛮族进攻下垮台。除去与拜占庭有贸易往来的少数城市外，其他城市随着帝国垮台而消失。这些城市先前繁荣的景象不再存在，人口也大幅度下降。过去那种成千上万人的城市，衰落成为仅有几百人，靠农业维持生活的聚落，罗马城的人口从上百万降到4万！

大约从公元10~15世纪期间，欧洲的城市又重新缓慢地发展。这些城市大多数是在封建主城堡的周围发展起来的，也有一些是在交通枢纽、罗马营寨城基础上发展起来的，还有一些新城，范围已远远超过罗马统治时期的地域。

中世纪

欧洲是封建领主制，由于各封建主之间常有战争，封建主都建有坚固的城堡。在其外围常住着手工业者。初期，这些手工业者只是为封建主消费服务，后来发展

成为该地区的商品交换中心,商业市区在城堡外围发展起来。这样发展起来的城市由城堡与市区两种不同功能区组成。市区住着手工业者和商人,城堡中住着贵族和领主。前者是经济中心,后者是政治枢纽。

开始时,市民们不仅向封建主交税,而且政治上受其管辖。由于手工业者和商人的行会组织的发展,势力强大,为保护其自身利益并与封建贵族进行斗争,取得一定的自主权,甚至成为完全独立的自治单位。由于经济发展,商业繁荣,自主权的获得,市民在自己的组织的领导下,沿市区周围修筑城墙,这标志着市民已有独立的组织机构。

因此,欧洲中世纪城市特征是:城堡、证书、城墙、市场、教堂。城堡虽然是贵族的住地,但是市区的发展往往包围了城堡,实际上就把该地的主要职能予以改变了。这情况在很多城市地名上得到反映,如奥地利的萨尔斯堡、法国的斯特拉斯堡、英国的爱丁堡。

证书是封建领主发出的政治文件。它是赋予市民组成的市镇以政治自治权利的文件。根据文件,住在城内的市民是自由的。他们不仅可以自由迁移,自由买

45

卖财产和货物,还可以组织自治的公社。可是住在城外的农奴却没有这些权利。但封建领主可向自由民索取各种税收和租金。

城墙是市民与非市民居住和活动的界限。非市民经许可才能进入城内。随着经济发展,城市不断扩大,把过去的郊区扩大进城区;随着攻城武器的发展,城墙需要不断地加固,并采取其他各种防御措施。

由于城市当时的主要职能是商业,所以市场在城市中居于中心地位,是商店、行会、商人集聚之地。教堂不仅是宗教活动的场所,当时也是市民集会与重要社会活动的场所,所以成为市民的社区中心。加上城市经济的发展和财富的增长,市民们往往把教堂放在城市的中心位置,并且修得高大、豪华,以显示其地位。

但是,那时的城市大多数不是很大,而且街道狭窄而曲折,与现代相比,房屋显得矮小与简陋。现在仍有不少城市中完整地保留着当时的建筑与街区,使我们可以欣赏到当时的景观与许多艺术上有价值的各种建筑遗产。

中世纪城市由于与封建领主经济的对立，形成自治的城市，可以说是"自由城市"。有的发展为城市国家，如威尼斯、佛罗伦萨，都是以一个城市为主，周围辖有一定数量的农村，成为政治和经济上的地域中心。也有的成为城市联盟，如汉萨同盟既是商业性的，又是政治性的同盟。兴盛时有100多个城市参加。它建有组织机构与武装，有宣战、媾和权。这些对欧洲的政治、经济和文化的发展有很大的影响。

文艺复兴以后时期 〉

文艺复兴开始后，欧洲的城市在形式上和功能上发生很大变化。当时、市民阶级已上升为中产阶级，它与君权相结合向封建势力进攻，使欧洲从分裂的封建社会转变成统一的民族国家。新兴的资产阶级在反对封建与宗教神学，为争取个人在现实世界中的发展而追求希腊和罗马的古典文化。因而，在文艺复兴浪潮的影响下，城市建筑与中世纪相比有很大区别。

这时，许多城市成为各级政府的中心，由政府官吏实行管理；在经济上，自由贸易的商业网络不断扩大，城市的工商业更加繁荣，国内外贸易由于交通发展日益便利，以及新的军事技术与城市规划的新思想的出现，都对城市的发展起着

重要作用。

　　城市成为行政的中心，在首都它为了体现君主的权威，以及把首都作为国家和民族的象征，故在建筑与布局上都有新的追求。因此，豪华的王宫、开阔的广场、宏伟的公共建筑、整齐的林阴大道、精致的府邸和花园，加上雕像、喷泉、草地使城市面貌焕然一新，与中世纪拥挤、脏乱的景象形成鲜明反差。这种现象在国家的首都巴黎、伦敦等城市的变化非常明显。首都以外的城市，市府厅成为该城市的中心。商业的繁荣不仅表现在城市中商业区的扩大，高大的行会大楼的出现与银行建筑物的耸立，在公共建筑方面，如博物馆、图书馆、大学也成为重要建筑。虽然城市人口的增加与马车的使用便利了市内交通，促使城市范围的扩大，但是为了军事防御的需要，仍需建筑城墙，以及城外要留有宽阔的地带，以防止炮火袭击。这也是限制城市的发展，并造成城市拥挤的原因。

工业化时期 >

工业革命给城市带来新的变化。它首先结束了城市工厂手工业生产的方式，代之以机器大工业生产。蒸汽机的发明使工厂向城市转移。开始时，工厂围绕着城市在郊区蔓延开来。随后，交通工具的革新——铁路的出现，给运输提供方便，铁路运费低廉，成为城市之间的主要交通工具，并且进入城市内部，把城市予以分割。与此同时，随着工厂的建立与交通的发展，人口迅速向城市转移，产业工人往往成为城市居民的主体。最后，由于城市中市场的集中与集聚，进一步把更多的工业企业、人口、资金、物资吸引到城市中，使城市的规模和范围急剧扩大，于是城市化现象成为工业革命以来的重要特征。

工业化以前，在西方各国，城市发展是比较缓慢的。例如英国在1600年，城市居民只占总人口的2%；到1800年，已增加到20%；到1890年有60%的人住在城市。美国在1800年，城市居民只有3%；1900年为40%；1920年猛增到51%。总的看

来，美国城市化的速度比英国快得多。

城市人口迅速增长，出现住房、交通拥挤、混乱，并使环境恶化。城市范围的扩大，把原在城市边缘的工厂、铁路等也包括在城市中。城市的过大、功能结构上的不合理现象就出现了。例如工厂紧靠住宅；贫民窟与公共建筑相邻；市内交通受到铁路干扰。结果，城市中心附近原来条件优越的住宅区，由于环境恶化导致中产阶级向郊区寻求安静舒适的生活环境。接着，中心区就开始衰落，形成所谓腐烂的中心。与此同时，低收入阶层迅速向那里转移，以填补空缺。

城市化也表现为特大城市与大城市带的出现。在过去100万人口的城市已是很大的城市，而且数量也不多。可是，现在出现了一些千万人口以上的超级城市，如墨西哥的墨西哥城、巴西的圣保罗与里约热内卢、美国的纽约、日本的东京、中国的上海和北京等，都属于这类城市。在一些经济发达地区，城市不但规模大、数量多，而且由高速公路、铁路、航空等交通网络相连，形成大城市成群连片地聚集在一个区域的城市带。这种现象在美国比较多，最典型的是美国东部，从波士顿起，经纽约、费城、巴尔的摩到华盛顿，形成所谓"波士华"大城市区。这里的土地面积只占美国领土的2%，其人口占全国总人口的20%。这种现象也出现在德国的鲁尔、英国中部、意大利北部波河流域及荷兰的南部地区等。

● 中国城市的发展

在我国古代，"城"与"市"是彼此分开，相互独立的两个不同概念。城就是城，是统治阶级居住的地方；市则是人们交易的场所，开始并不在城内。从发展趋势上看，中国古代城市主要沿着两种不同、甚至是对立的方向发展。一种方向是作为军事堡垒、统治阶级政治中心而发展起来的"城"，另一种方向是作为商品交换中心而发展起来的"市"。其中前一种方向是城市发展的主导面，城市因而具有浓厚的自然经济色彩。从模式上看，中国传统的城市往往以王宫或官行为中心，两翼辅以东西两市，文武双庙。城市的居民以达官贵人以及为之服务的衙役、奴仆、兵弁等为主体。城市的商业主要供王室官府消费，也为奴仆和兵弁提供活动必需品。从条件上看，随农业生产发展而引起的社会分工是城市发展的根本动力。因此，世界上首批城市一般都诞生在那些具有较为有利的灌溉条件，农业生产发达，农产品丰富，交通便利的地区，如两河流域的美索不达米亚平原，尼罗河流域中下游的古埃及，恒河流域的古印度以及黄河流域的中国等地区。从时间上看，春秋战国时期是我国古代城市蓬勃兴起的阶段。这一时期，诸侯国崛起，各国纷纷建立自己的政治中心——都城，如战国时期的临淄、邯郸、大梁、郢等。这些都城既是政治中心，又是经济和文化中心。这些都城一般都是商业兴盛，交换的商品大多都是贵族地主用的奢侈品（如北方的马匹、南方的象牙、东方的鱼盐、西方的皮革等），与人民的日常生活不是很密切。而且各个诸侯国中流通的货币品种不一，反映了封建社会初期的经济特征。

隋唐时期，我国的军事政治中心仍在关中，而经济中心已移到江淮流域，出现了政治中心与经济中心分离的情况。隋唐时，大力修通大运河，主要目的在于解决政治中心与经济中心的联系问题。大运河的开凿促进了国内商业的流通，成为封建国家的经济命脉。这一时期，南方城市发展较快，长江中下游地区、四川盆地和东南沿海地区，成为当时瞩目的主要城市发展区。这与海外贸易的兴起和发展以及大运河的开凿有

密切的关系。如当时号称四大都市的淮安、扬州、苏州、杭州都在运河沿线，隋朝东都洛阳因位于大运河的中心，商业盛极一时。这一时期最为突出的是都城的建设。如唐代长安城，既是全国的政治中心，又是亚洲各国经济文化交流的中心，是一座国际性大都市。长安城建筑

规模宏大，布局合理，既反映了唐朝的国力和科技水平，也体现了唐朝前期封建统治井然有序，中央集权得到加强的政治面貌。特别是长安城的经济布局突出了"坊""市"之分，"市"内店铺林立，非常繁华。

宋代城市发展有两大突出特点：一是城市商业布局打破了"坊""市"界限。北宋时的东京，商业繁荣，店铺林立，突破了唐朝"市"的限制，出现了娱乐场所"瓦肆"，反映了北宋封建经济在唐朝的基础上继续发展。二是镇的兴起和发展。镇的设置始于北魏，主要出于军事目的。北宋以后，因重文轻武，曾一度废除了很多这样的军事据点，从而使经济基础较好的地方镇市完全蜕变为商业城市。这些新兴镇的地理分布主要集中在水陆交通要道、沿海口岸、商旅舟车集中的地方，如密州板桥镇、江西景德镇等。

明代城市有较大的发展，工商业发达的城市前期有30多处，中叶以后发展达50多处。这些城市主要分布在江南、东南沿海、江北运河区等地区。如苏州、杭州的丝织业发达；松江是棉织业为中心；景德镇是著名的瓷都；成都为茶叶市场；武昌是木材市场；扬州是食盐集散地；广州、宁波、泉州、福州为对外贸易港口。

　　由此看来，明朝中后期的城市已不仅仅是封建统治中心，商业贸易的内容已经日益接近人民的日常生活，商品经济开始侵蚀自然经济，农民与市场的联系开始逐渐密切起来。这时候已经出现了有一定专业分工的商业城市，这些城市的发展对后来中国的城市化发展进程产生了重要的影响，当时的商贸重镇今天很多都成为了经济发达、人口密集的大中型城市聚集区。

55

鸦片战争至中华人民共和国成立时期 〉

鸦片战争,中国遭到失败,原来闭关自守的政策被打破,使我国沦为半殖民地半封建社会。这一方面使中国降到受屈辱、受压迫、受剥削的地位,另一方面促使中国封建经济的解体,为资本主义工商业发展创造条件。因此,它对我国的城市的发展产生新的影响。大体可以分为四种类型:

1. 随帝国主义的侵略,外国资本输入或影响而产生较大变化的或新兴的城市。这些城市的情况也各不相同:

有些城市长期为某一个帝国主义所控制,特别是在帝国主义主持下进行规划和建设的城市,这样的城市往往有了该国的色彩,在城市建筑及布局方面都反映出来了。这类城市有青岛(先期受德国、后期受日本的影响)、哈尔滨(俄国)、大连、旅顺(先期俄国、后期日本)、威海(英国)等。

有些城市受几个帝国主义长期占据,他们在这种城市中都有租界地。租界内完全由其直接控制。如上海、天津、汉口等城市。这些城市后来成为我国最大的工商、交通城市。城市中的租界区与旧区及新发展的中国人的居住区不仅反差极大,各国的租界在建筑与布局上也各

不相同。

　　还有一些沿海沿江地区，由于不平等条约被开设为商埠，或设有外国租界。由于商业的发展，往往在旧城旁或租界区发展成畸形繁荣的商业区，与旧城的格局及面貌完全不同，如济南、沈阳、福州、烟台、重庆等城市。

　　2. 原来封建社会兴起的城市，由于受帝国主义影响及本国资本主义发展而发生变化的城市。这类城市有北京、西安、成都、太原、南昌、长沙、兰州等。这些城市原来都是我国比较重要、已有相当规模的城市。由于工商业的发展而变化较大的城市，如江苏的无锡、南通及四川的内江、自贡等。

　　3. 由于交通的发展与工矿的建立而出现的新兴城市。比较明显的如京广线上的石家庄、郑州；京沪线上的蚌埠；陇海线上的宝鸡。这几个城市都位于铁路枢纽，或水陆交通交汇点。新兴工业和交通的发展又刺激采矿业和工业的发展，比较突出的例子是河北的唐山、河南的焦作、湖北的大冶、江西的萍乡以及辽宁的鞍山、抚顺、本溪、阜新等城市。

4. 原来的城市，由于交通路线变化与工商业的竞争而逐渐衰落。过去大运河是南北交通要道，成为明清时城市发达地带，由于津浦铁路的修建，海运的发展，其经济地位大幅度下降，大运河沿线的临清、淮阴、淮安、扬州都处于衰落的地位。原来靠土布生产与交易的重要城市，如嘉定，由于受新兴的纺织工业在上海的发展而失去原先的繁荣基础。

在此时期，我国沿海城市获得较快发展，使城市空间分布有较大变化。如鸦片战争前，上海、天津仅有人口20多万，是个中小城市。可是在20世纪初已发展成100万以上人口的大城市。在1936年，我国人口100万以上的城市有上海、天津、北京、武汉、广州、南京。这6个城市基本是沿海（江）城市。

新中国成立以来城市的发展 〉

1949年以后，我国经济有了较快的发展，城市发展与城市化进程开始进入一个新的阶段。城市人口大增，城市人口占总人口的比例也有明显的上升。城市数量急剧增加，城市规模上出现一批特大城市。在城市的分布与现代化的水平上也都有明显变化与提高。

在城市人口方面，1949年为5765万人，1979年为12862万人，1987年增加到26114万人，2012年增至71182万人。

在城市数量方面，1953年全国在5万人以上的城市有173个，到1987年达362

个，城市数量增加一倍多。人口超过100万人的特大城市，在1953年只有9个，到1978年增加到13个，到1987年已达到25个，比1953年增加1.8倍，到2012年城市总数已达660个。

在我国的经济结构中，全民所有制成分占绝对优势，所以行政在经济中的作用十分明显。这一点在城市发展方面表现得非常突出。相比之下，行政中心所在地的城市发展比较快，规模也比较大。从26个省区级行政中心来看，在100万人口以上的城市达16个，加上北京、天津、

上海3个直辖市，共有19个，而全国100万人口以上的城市共25个，省区行政中心占76%。

在城市布局上，1949年以后，由于注意到西北、内蒙古与西南少数民族与边远地区的交通建设与经济发展，不仅加快了原有城市的发展速度，而且出现了一些新兴城市，这使我国城市在地域分布上发生了一些变化。以1987年城镇的非农业人口占总人口比例看，新疆27.5%、甘肃为14.84%、青海23.7%、西藏8.9%、宁夏23.71%、内蒙古27.42%。由此看来，除了西藏与甘肃两省区低于全国平均数，其他省区都超过全国17.88%的平均数。这说明西北地区在全国各省区中，城镇化水平并不低。由于工矿业的发展，在新的交通线上出现了不少新的城市。其中著名的有新疆的克拉玛依、青海的格尔木、甘肃的白银、宁夏的石嘴山、内蒙古的海勃湾与四川的渡口等等。

进入20世纪90年代，我国的城市化已经从沿海向内地全面展开。2003年底与1990年相比，建制市已从467个增加到660个，建制镇则从12 000个增加到

20 600个;从人口来看,城市化水平也从1990年的26.41%提高到40.53%。大中小城镇建设投资的扩张,已经成为20世纪90年代新一轮经济高速增长的主导因素。

关于城市化的水平,现在主要采用的指标是城市人口在总人口中的比重。就目前来看,虽然小城镇发展较快,但小城镇的居民所享受到的城市化好处是比较低的。小城镇和城市人口的迅速增长是改革开放以来我国城市化的突出表现。

改革开放以来,我国政府提出了明确的城市化政策,其核心就是控制大城市规模,发展中小城市。在这一方针政策的引导下,我国中小城市及小城镇发展势头迅猛,有力地拉动了全国城镇化发展水平。

一是小城镇迅速扩张。这个时期城镇化的最突出特点,是小城镇的数量增加很快。这里所说的小城镇,是指县级市(包括县级市)以下的城镇。到2000年底,全国小城镇(包括城关镇和建制镇)达2.03万个,已占乡镇总数的46.7%。其中有14个省市区的建制镇比重超过50%(上海98.3%、广东97.9%、广西54.7%、海南66.6%、福建63.1%、山东68.3%、浙江

56.3%、江苏81.6%、安徽52.6%、湖北64.9%、吉林53.6%、辽宁58.5%、北京66.2%、天津53.8%)。

二是全国城镇人口迅速增长,占总人口的比重迅速提高。自1978年实行改革开放以来,我国的城市化速度大大加快,从城乡居住人口这个城市化指标来看,1978年底,我国全国人口为96 259万人,其中城镇人口17 245万人,占总人口的比重为17.92%,城市化率不到18%。经过22年的城市化,到20世纪末,即2000年11月第5次全国人口普查,全国城镇人口达到45 594万人,占总人口的比重达到36.09%,比1978年提高了18.17个百分点;而1949~1978年的29年里,这一数字仅提高了7.3个百分点。

进入21世纪,城市化水平又有进一步的提高。到2003年底,全国城镇人口达52 376万,国家城市化水平已达40.53%。全国设市城市660个,城市人口达3.8亿人,建制镇为20 600个,其中县城1660个,非农业人口约1.5亿人。与同期国际社会比较,中国城市化水平正在迅速提高,与经济发达国家之间的差距正在逐步缩小。

● 科技创新和城市发展

世界科学技术发展日新月异，科技创新已成为推动经济社会发展的主导力量。城市作为经济社会发展的重要载体，也是创新要素的主要集聚地，科技创新在城市发展中的作用更加突出，将引领城市未来的发展。

未来的城市发展特点： >

第一，清洁能源将成为城市能源的主要形式。近200年来，城市随着工业经济的迅猛发展而快速扩张，在煤炭、石油等化石能源的熊熊燃烧中得以实现。建立在化石能源基础上的传统工业创造了巨大的社会财富，提高了劳动生产率，改善了人民生活水平，但也带来了环境污染、能源紧缺和全球气候变化等全球性问题。现在，太阳能光伏发电、风能、生物质能、新能源汽车、水源（地源）热泵等先进技术的大规模利用，向人们展现了未来城市发展的美好前景。展现了可再生清洁能源将取代传统化石能源，成为未来城市能源利用的主要形式。

第二，资源的循环高效利用将成为城市经济的主要模式。

城市的发展消耗了大量的资源，也带来了大量的生产、生活废弃物，人们生活的环境面临恶化的趋势。目前中国城市垃圾以每年8%~10%的速度增长，90%的城镇水域和65%的饮用水源受到不同程度的污染。现在，很多城市从雨水的收集利用到固体废弃物的无害化处理和资

源化利用，从水安全的保障到空气污染的控制、环境生态的绿化等，无不体现了创造和谐美好城市未来的发展模式。

城市未来经济发展将成为"资源—产品—回收—再利用"物质循环流动的过程。居民的废弃物将高效回收，循环利用。生活垃圾等有机废弃物也将转化为生物燃气和有机肥料，成为城市经济发展的宝贵资源。在循环经济中，生产、消费、回收、再利用的高度循环，形成了经济系统的主流。

第三，城市的运行将具备感知和自适应能力。

依靠传感、信息、智能等技术，构建以物联网、互联网和通讯网为基础的城市神经网络，将实现对城市交通、环境质量及公共安全的感知，将各种信息进行及时处理和反馈，对城市的运行进行自我完善和调整。使未来的城市成为充满活力、可"感知"和"自适应"的"生命体"。

第四，知识型服务业将成为城市未来产业的主要形态。

目前全球服务业增加值占GDP的比重已超过65%，发达国家已越过70%。在服务业发达的国家，如美国、英国等，服务业创造了80%以上的就业机会。而大部分的创新活动和创新人才聚集在城市，知识密集型服务业在城市未来产业中的主导作用将不断增强，成为国家和区域竞争优势的重要领域。

第五，城市带、城市群（圈）将成为

城市发展的重要方向。

　　随着快捷便利的信息网络和交通网络不断完善，"拉近"了城市之间的距离，将城市与城市有机地联接起来，形成了各具特色、优势互补、协同发展的城市带、城市群（圈），如日本东京城市圈、英国伦敦城市圈、德国鲁尔城市带和中国的长三角、珠三角、京津唐城市圈等。

　　总之，城市是人类文明的结晶和象征，随着技术的进步和社会的发展，城市发展正处在一个转型期，城市的发展动力、发展方式、发展模式等的转变，将带给人们更美好的生活和更繁荣的经济。

中国城市未来发展展望〉

新中国成立后，特别是改革开放以来，中国的城市发展取得了举世瞩目的成就，主要表现在：

一是城市化水平大幅提高，城市化率保持着年均1%的持续增长，目前中国的城市化率已超过50%；

二是城市经济发展水平大幅度提升，各区域内城市经济中心的作用明显增加；

三是城市面貌大为改观，城市建设、环境卫生、园林绿化等水平普遍提高；

四是城市生活不断改善，居民收入

提高，教育、科技、体育、文化事业蓬勃发展；

五是努力实现城乡协调发展，大中小城市和乡村梯度发展，实现城市居民的充分就业，以及农民的进城务工就业和返乡创业的良好的双向互动。

中国政府高度重视依靠科学技术推进城市发展。把科技创新作为国家发展战略的核心和提高综合国力的关键，把科技创新作为调整经济结构和转变发展方式的中心环节，依靠科技加快城市健康、快速、和谐发展。

● 世界名城趣城

CHEN GSHI DE SU SHUO

纽约〉

⊠ 概况

　　纽约市是美国最大的城市及最大的商港，也是世界经济中心之一，被人们誉为世界之都，位于纽约州东南部。根据美国2010年的人口普查结果，纽约市区人口为817万余人，是美国第一大城市；大纽约都会区人口有1988万多。一个多世纪以来，纽约市一直是世界上最重要的商业和金融中心。纽约市是一座全球化的大都市，也是最重要的世界级城市，直接影响着全球的媒体、政治、教育、娱乐以及时尚界。纽约与英国伦敦、法国巴黎、日本东京并称为世界四大国际大都会。纽约市坐落在世界上最大的都会区——大纽约都会区的心脏地带，是国际级的经济、金融、交通、艺术及传媒中心，更被视为都市文明的代表，由于联合国总部位于该市，因此被世人誉为"世界之都"。

⊠ 世界金融中心

纽约是世界的经济中心，也是世界三大金融中心之一（另外两个为伦敦和香港）。据财经日报辛科迪亚斯统计，截至2008年底，纽约控制着全球40%的财政资金，是世界上最大的金融中心。服装、印刷、化妆品等行业均居全国首位，机器制造、军火生产、石油加工和食品加工也占有重要地位。曼哈顿是纽约市的中心区，总面积57.91平方千米，占纽约市总面积的70%，人口150万人。纽约著名的百老汇、华尔街、帝国大厦、格林威治村、中央公园、联合国总部、大都会艺术博物馆、大都会歌剧院等名胜都集中在曼哈顿岛，使该岛中的部分地区成为纽约的CBD。曼哈顿商业区主要分布在该区内曼哈顿岛上的下城、中城，著名的街区是格林威治街和第五大街。这里银行、保险公司、交易所及大公司总部云集，是世界上就业密度最高的地区。纽约的商业中心时代广场也被称为"世界的十字路口。"

纽约也是世界上摩天大楼最多的城市。有35栋摩天大楼（200米以上），代表性的建筑有帝国大厦、克莱斯勒大厦、洛克菲勒中心以及后来的世界贸易中心（2001年9月11日，世贸大楼遭恐怖分子袭击而倒塌）等。帝国大厦和世界贸易中心大楼均有100多层，它直耸云霄，巍峨壮观。纽约也因此有了"站着的城市"之称。帝国大厦也成为了纽约永远的标志。

⊠ 地理位置

　　纽约市，濒临大西洋。它由五个区组成：布朗克斯区、布鲁克林区、曼哈顿、皇后区（昆斯区）、斯塔滕岛。全市总面积达 1214.4 平方千米。纽约还是联合国总部所在地，总部大厦坐落在曼哈顿岛东河河畔。曼哈顿岛是纽约的核心，在 5 个区中面积最小，仅 57.91 平方千米。

⊠ 别称

纽约常被昵称为"大苹果",便是取"好看、好吃,人人都想咬一口"之意。此外,纽约的别称还有不夜城、世界之都、帝国之城。

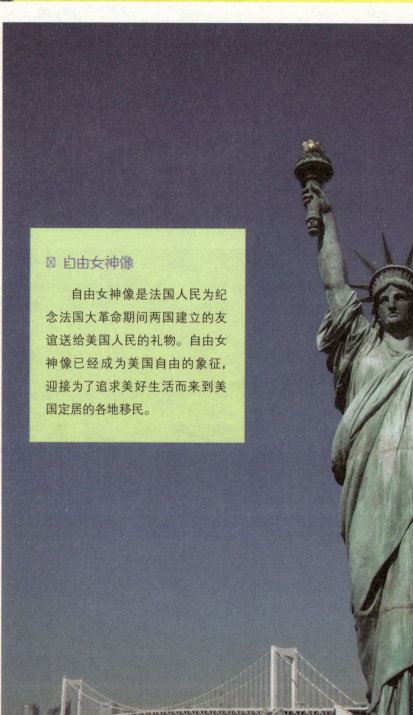

⊠ 自由女神像

　　自由女神像是法国人民为纪念法国大革命期间两国建立的友谊送给美国人民的礼物。自由女神像已经成为美国自由的象征，迎接为了追求美好生活而来到美国定居的各地移民。

浪漫之都巴黎 〉

巴黎,法国首都,第一大城市。市区面积105平方千米,人口约219万。以巴黎为中心的巴黎区,面积约1.2万平方千米,人口约1007万。其范围包括市区、上塞纳等近郊3省以及远郊4省的一部分。位于巴黎盆地中央,跨塞纳河两岸,距河口375千米。属温和的海洋性气候,夏季不热,7月平均气温19.1℃,冬季较温和,1月平均气温3.4℃。年均降水量619毫米,分配均匀,夏秋季稍多。

巴黎,有"花城"的雅称。人们之所以称之为"花城",是因为该城不仅花多,花美,而且有五花八门的建筑物,有花色繁多的化妆品和令人眼花缭乱的时装。这个"花"并仅仅是指鲜花的意思,而且是指"浪漫之都"。这个城市市内到处是琳琅满目的商品和美不胜收的园林,因此在各国名城之中,它享有世界"花都"之誉。"花都"这个称谓比较贴切，暗含了这座城市的多样性。也是真正的鲜花之都，无论是在餐桌上、院落中，还是在橱窗前、街道旁满眼都是盛开的鲜花，空气中弥漫着醉人的芳香。

巴黎是法国的政治中心。从历史上讲，1789年7月14日以前，巴黎是法国历代王朝的京都。此后，便一直是法国权力机构的所在地。今天，法国总统府——爱丽舍宫、国民议会和参议院等也都设在这里。

巴黎是法国的经济和金融中心，在政治、科技、文化、教育、时尚、艺术、娱乐、传媒等领域对世界都有重要影响力。巴黎还同纽约、伦敦和东京一起被公认为世界四大都市之一。

巴黎是法国最

大的工商业城市。北部诸郊区主要为制造区。最发达的制造业项目有汽车、电器、化工、医药、食品等。奢华品生产居次，并主要集中在市中心各区；产品有贵重金属器具、皮革制品、瓷器、服装等。外围城区专门生产家具、鞋、精密工具、光学仪器等。印刷出版业集中在拉丁区和雷米街。

巴黎还是一座"世界会议城"。它以明媚的风光、丰富的名胜古迹、多姿多彩的文化活动以及现代化的服务设施，迎来了众多的国际会议，据统计，1987年在巴黎共举行了365次国际性会议，超过了纽约、伦敦、布鲁塞尔、日内瓦，居世界首位。联合国教科文组织、经济合作与发展组织、

国际商会、巴黎俱乐部等国际组织的总部均设在巴黎。

　　巴黎是一座世界历史名城，名胜古迹比比皆是，埃菲尔铁塔、凯旋门、爱丽舍宫、凡尔赛宫、卢浮宫、协和广场、巴黎圣母院、乔治·蓬皮杜全国文化艺术中心等，是国内外游客流连忘返的地方。美丽的塞纳河两岸，公园、绿地星罗棋布，32座大桥横跨河上，使河上风光更加妩媚多姿。

　　文化人是巴黎社会生活的灵魂。19世纪法国作家巴尔扎克、普鲁斯特、波德莱尔、兰波、乔治·桑、肖邦、王尔德、科莱特、热奈；20世纪毕加索、本雅明、纪德、萨特、波伏娃、加缪、罗兰·巴特、福科这一些文化名人，组成巴黎社会文化人群落。他们曾经生活在巴黎这个空气中都充满虚无的地方，可他们精神的创造力却丰盈自由法国精神，并取得世界文化史上的最高成就。

花园城市——新加坡 >

新加坡是东南亚的一个岛国，也是一个城市国家。该国位于马来半岛南端，毗邻马六甲海峡南口，其南面有新加坡海峡与印尼相隔，北面有柔佛海峡与马来西亚相隔，并以长堤相连于新马两岸之间。新加坡土地面积仅714平方千米，故无省市之分，而是以符合都市规划的方式将全国划分为5个社区，由相应的社区发展理事会（简称社理会）管理。5个社理会是按照地区划分，定名为东北、东南、西北、西南和中区社理会，这5个社区再进一步分为87个选区，包括12个单选区和15个集选区。

新加坡是一个城市国家，原意为狮城。据马来史籍记载，公元1150年左右，苏门答腊的室利佛逝王国王子槃那乘船到达此岛，看见一头黑兽，当地人称之为狮子，遂有"狮城"之称。新加坡是梵语"狮城"之谐音，由于当地居民受印度文化影响较深，喜欢用梵语作为地名。而狮

子具有勇猛、雄健的特征，故以此作为地名是很自然的事。过去华侨多称其为"息辣"，即马来语"海峡"的意思，也有因其小而将之称为星洲、星岛的。

新加坡在城市保洁方面效果显著，故亦有"花园城市"之美称。新加坡的法律严格，乱扔垃圾会被处以200新币的罚款，同时还得做义工捡垃圾。新加坡几乎是每天都下雨，会把尘土都冲刷干净，而且下水道特别的好！最深的地方有2米多深！再大的雨都不会堵塞。新加坡清扫道路实行的是承包制。许多人都以"常年是夏，一雨成秋"来形容狮城的天气。新加坡属于热带海洋性气候，全年气候湿热，昼夜温差小，每年平均温度在23℃~35℃之间，年均降雨量2350毫米，相对湿度介于65%~90%之间。狮城11月至次年3月为雨季，受较潮湿的东北季候风影响，雨水较多，平均低温徘徊在23℃~24℃左右；6~9月则吹西南季候风，最为干燥。这两个季风期，间隔着季候风交替月，那就是4~5月，以及10~11月。在季候风交替月里，地面风弱多变，阳光酷热，下午经常会有阵雨及雷雨。

虽然新加坡雨量充沛，但是淡水资源缺乏。主要因为地下水资源不足。尽管年降雨量高达2350毫米，但由于国土面积只有714平方千米，热带岛国新加坡依然严重缺水，人均水资源只有211立方米，居世界倒数第二。新加坡400万居民的日常用水，一半是依靠收集储存的雨水，另一半则是根据新马供水协议，长期向马来西亚买水。在这种情况之下，保护和利用水资源自然成为举国之重。此外，新加坡建有17个蓄水池储存淡水，其中，中央集水区自然保护区占地将近30平方千米，该区包括了新加坡主要的水库——麦里芝蓄水池、实里达蓄水池、贝雅士蓄水池等，其土地除了用来收集雨水，还发挥着重要的城市"绿肺"功能。

新加坡是全球最为富裕的国家之一，属于新兴的发达国家，其经济模式被称作"国家资本主义"，并以稳定的政局、廉洁高效的政府而著称。新加坡是

自1979年由新加坡政府主导的"讲华语运动"（类似于中国的"推广普通话"）之后，华语成为新加坡华裔的母语。新加坡民间也通行各种闽粤方言（莆田话、粤语、潮州话、客家话、闽南语、福州话、海南话），当中最常用的有，闽南话、潮州话和粤语。在文字方面，新加坡官方使用与中国一致

亚洲最重要的金融、服务和航运中心之一。根据全球金融中心指数排名，新加坡是继纽约、伦敦和香港之后的世界第四大金融中心。新加坡也是东亚第四富裕地区，仅次于香港、日本和韩国。

新加坡独立以后，政府机构一直采用英语作为社群之间的沟通和教学语。

的简体字。但在1969~1979年间曾短暂拥有自己的汉字简化标准，民间以简体字为主，但偶尔也会出现繁体字与简体字混用的现象。新加坡的官方文字为英语，因此公函、商务往来和其他经济业务性质的书信通常以英语为主。

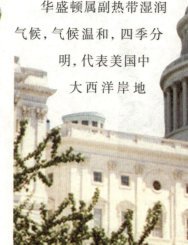

华盛顿——雪城 >

华盛顿哥伦比亚特区简称华盛顿，是美利坚合众国的首都。华盛顿临近大西洋，位于马里兰州和弗吉尼亚州之间的波托马克河与阿纳卡斯蒂亚河汇流处，小型海轮可达。正式名称为"华盛顿·哥伦比亚特区"，1791年为纪念美国第一任总统华盛顿和哥伦布而得名。华盛顿在行政上由联邦政府直辖，不属于任何一个州。

华盛顿属副热带湿润气候，气候温和，四季分明，代表美国中大西洋岸地区内地气候。7—8月份平均气温为25到26℃，湿度高，常见雷雨；另外每年有37天达到32℃。春秋相对干燥，较长；冬季凉，1月平均气温为1.4℃，但高温会降到零度以下。年平均降雪为37厘米，华盛顿每年降雪量达1870毫米，是世界上降雪量最大的都市，故称"雪城"。每4到6年华盛顿受到暴风雪的影响。降水是平等地分发在一年中，全年降水约1000毫米。

　　华盛顿是美国的政治中心，白宫、国会、美国最高法院以及绝大多数政府机构均设在这里。国会大厦建在被称为"国会山"的全城最高点上，它是华盛顿的象征。这座乳白色的建筑有一个圆顶主楼和相互连接的东、西两翼大楼，美国国会参众两院都在国会大楼里办公。白宫是一座白色大理石圆形建筑，是华盛顿之后美国历届总统办公和居住的地方。椭圆形的美国总统办公室设在白宫西厢房内，南窗外边是著名的"玫瑰园"。白宫正楼南面的南草坪是"总统花园"，美国总统常在这里举行欢迎贵宾的仪式。国会大厦和白宫之间有"联邦三角"建筑群，其中包括联邦政府机构以及国家美术馆、国家档案馆、泛美联盟、史密森国家博物馆和联邦储备大厦等。华盛顿面积最大的建筑是位于波托马克河河畔的美国国防部所在地五角大楼。

　　华盛顿还是美国的文化中心之一。全市有乔治敦、乔治·华盛顿等9所高等院校。创建于1800年的国会图书馆是驰名世界的文化设施，华盛顿歌剧院、美国国家交响乐团、肯尼迪艺术中心等都是美国著名的文化机构。此地有相当多博物馆，国际女性艺术博物馆就是其中之一。华盛顿还有美国国家艺术博物馆、自然历史博物馆、宇航博物馆等许多著名博物馆。华盛顿有许多纪念性建筑。离国会大厦不远的华盛顿纪念碑,高169米,全部用白色大理石砌成,乘电梯登上顶端可把全市风光尽收眼底。杰弗逊纪念堂和林肯纪念堂等也都是美国有名的纪念性建筑物。

华盛顿市徽的外形看上去像是一只正在展翅的鹰,图案近景是华盛顿纪念碑,远景为国会山和波托马克河。华盛顿的市树为美洲橡树,市花为鹃菊,市鸟为

红尾雀,市歌为《年轻的故乡华盛顿》。

在上世纪90年代初期,华盛顿被认为是美国的"谋杀首都",1991年凶杀案达到482起。但现在凶杀案已显著下降,2004年为198起,2005年195起。华盛顿的犯罪高发区为东北区,其他地区的犯罪率相对较低。但在华盛顿犯罪率下降的同时,濒临华盛顿东北区的马里兰州乔治王子县犯罪率大幅度上升。华盛顿现在仍然是美国最不安全的城市之一。

华盛顿

罗马——恒之城，七丘之城 >

大约在公元前2000年，已经有人在罗马城居住。公元前753年4月21日建城，至今已有2700多年的悠久历史。罗马人骄傲地称它为"永恒之城"。相传罗马的创建人罗幕路是母狼喂养大的，古罗马的城徽图案是母狼哺育婴儿。罗马城是罗马帝国的发源地和首都。公元1~2世纪罗马成为西方历史上最大的帝国，罗马城进入全盛时期。

在罗马近2800年的历史上，曾经历了东、西罗马的辉煌时期。1870年，意大利王国军队攻占罗马，意大利统一事业完成。1871年，意大利首都由佛罗伦萨迁回罗马。

罗马位于亚平宁半岛中部的台伯河畔，意大利半岛中西部，台伯河下游平原地的七座小山丘上，又被称为"七丘之城"。总面积为1507.6平方千米，其中市区面积208平方千米。罗马市现由55个居民区组成，人口约264万多。意大利半岛

南北方向有座亚平宁山脉，把意大利半岛分成了东西两部分，亚平宁山脉旁边，有一条台伯河，罗马位于台伯河流入地中海。罗马气候温暖，四季鲜明。

罗马，一个古老的名字，罗马被誉为"万城之城"是因为他有着辉煌的历史，罗马帝国的荣耀，天主教廷的至高无上都构成了罗马近2500年的辉煌。罗马现为意大利首都，是意大利最大的城市和意大利第二大都会，也是欧洲人口最多的城市，位列世界都会之一。罗马是世界天主教中心，世界文化之都，世界历史文化名城。罗马西距第勒尼安海25千米。市区跨台伯河两岸，架有桥梁24座。人口283万（1988年）。约公元前2000年初，罗

马人从东北移居于此。公元前8至前4世纪筑城堡，逐步形成早期罗马城。公元756~1870年为教皇国的首都，1870年意大利王国统一后成为意大利首都。

罗马被喻为全球最大的"露天历史博物馆"。世界八大名胜之一的古罗马露天竞技场，也称斗兽场，建于公元1世纪。这座椭圆形的建筑物占地约2万平方米，周长527米，是古罗马帝国的象征。宽阔的帝国大道两旁建有元老院、神殿、贞女祠和一些有名的庙宇，如万神庙等。这片露天竞技场遗址的北面，是记载塞维罗皇帝远征波斯功绩的凯旋门，南面是记载蒂都皇帝东征耶路撒冷战绩的蒂都凯旋门，在蒂都凯旋门南面不远处，还有一

座为纪念君士坦丁大帝战胜尼禄暴君而建立的罗马最大的凯旋门。帝国大道东边的特拉亚诺市场，是古罗马城的商业中心。市场旁矗立着一根高40米的凯旋柱，柱上螺旋形的浮雕，描绘了特拉亚诺大帝远征多瑙河流域的故事。古城市中心的威尼斯广场长130米，宽75米，是市内几条主要大街的汇集点。广场左侧是文艺复兴时期的古建筑威尼斯宫，右边是与威尼斯宫式样相仿的威尼斯保险公司建筑。此外，雄伟的司法宫、绚丽多姿的纳沃纳广场、圣彼得大教堂无不体现了文艺复兴时期的艺术风格。罗马还有上百座博物馆，收藏着包括文艺复兴时期的艺术珍品。

罗马集中了意大利独立统一运动的大部分纪念物。在威尼斯广场右边的纪念碑中央高台上，矗立着艾马努埃尔二世骑马的镀金大铜像。艾马努埃尔是曾经领导人民赶走外国占领者、统一意大利的国王。这座纪念碑被意大利人称为"祖国祭坛"。在台伯河西岸的佳尼科洛岭上，耸立着率军解放罗马的意大利民族英雄加里波第的纪念碑。

罗马市喷泉众多，千姿百态。最著名的特雷维喷泉，建于公元1762年。喷泉中央的海神像中，两座海马雕塑代表平静的海洋与汹涌的海洋，四座神女像代表春夏秋冬四季。罗马城建筑依地势呈放射状发展。

罗马有"条条大道通罗马"之称，形象地表明了罗马作为意大利的交通枢纽，它有铁路、公路通往全国各地。罗马处于地中海地区的中央位置，也是国际空运的中心之一。

雷克雅未克——无烟城市 ＞

雷克雅未克，是冰岛首都和第一大城市。位于冰岛西南端的法克萨湾，离北极圈很近，它是世界最北边的首都，有10万人口，临近还有一个5万人口的卫星镇，是冰岛全国人口最多的城市。雷克雅未克始建于874年，1786年正式建城，1801年为丹麦统治当局所在地。1904年，丹麦承认冰岛内部自治，雷克雅未克成为自治政府所在地。1940年纳粹德国占领丹麦，冰岛和丹麦关系中断。1944年6月，冰岛正式宣布解散冰丹联盟，成立冰岛共和国，雷克雅未克成为首都。道路发达，环境极为整洁。因为人口少，所以在公路上奔驰的公共汽车往往是司机一个人在过"车瘾"。同时这是一座现代化的城市，是冰岛政治、文化、教育和贸易中心。这里有一定规模的工业和各种生产企业，也有一流的旅馆和服务业。

　　"雷克雅未克"之名源于发现者的命名，公元9世纪，斯堪的纳维亚人乘船驶近冰岛，他们站在船头向岛上眺望，看到远处的海湾沿岸升起缕缕炊烟，以为前面一定有人居住，于是便把此地命名为"雷克雅未克"，意即"冒烟的海湾"。事实上这里根本没有农舍炊烟。他们所见到的烟是因岛上散布着许多温泉、间歇泉，它们不断地喷出股股水柱，使人误认是冒烟。

　　由于这里地热资源丰富，冰岛人早在1928年，就在雷克雅未克建起了地热供热系统。后经过不断钻探、扩建，已在全市铺设了595千米长的热水管道，首都10个区的热水来自4个地热区，此外还建立了10个自动化热水站，为全市居民提供热水和暖气。这些能源每年可节约开支几十亿冰岛克朗。由于地热能为城市的工业提供能源，因此人们在这里看不到其他城市常见的锅炉和烟囱。雷克雅未克天空蔚蓝，市容整洁，几乎没有污染，故有"无烟城市"之称。

　　雷克雅未克是欧洲文盲率最低的城市，也是创作和研究的好地方。这里的夏季很晚才天黑，年轻人每晚都涌上街头举行社交聚会。每当朝阳初升或夕阳西下，两面的山峰便现出紫色，海水变成深蓝，让人感觉仿佛置身画中。

水城威尼斯 >

威尼斯有着"因水而生，因水而美，因水而兴"的美誉，享有"水城""水上都市""百岛城"等美称。威尼斯是一座十分美丽的水上城市，它建筑在一个完全不可能建造城市的地方——水上，威尼斯的风情总离不开"水"，蜿蜒的水巷，流动的清波，她就好像一个漂浮在碧波上浪漫的梦，诗情画意久久挥之不去。

这个城市，建筑方法有一度曾握有全欧最强大的人力、物力和权势。这里建筑的方法，是先在水底下的泥土上打下大木桩，木桩一个挨一个，这就是地基，打牢了，铺上木板，然后就盖房子，那儿的房子无一不是这么建造的。所以有人说，威尼斯城上面是石头，下面是森林。当年为建造威尼斯，意大利北部的森林全被砍完了。这样的房子，也不用担心水下的木头烂了，它不会烂的，而且会越变越硬，愈久弥坚。此前考古者挖掘马可·波罗的故居，挖出的木头坚硬如铁，出水后见了氧才朽。

威尼斯的历史相传开始于公元453年；当时威尼斯地方的农民和渔民为逃

避酷嗜刀兵的游牧民族，转而避往亚德里亚海中的这个小岛。威尼斯肥沃的冲积土质，就地而取材的石块，加上用邻近内陆的木头做的小船往来其间；在淤泥中，在水上先祖们建起了威尼斯。

威尼斯外形恰似海豚，城市面积不到7.8平方千米，却由118个小岛组成，177条运河蛛网一样密布其间，这些小岛和运河由大约401座各式各样的桥梁纵接相连。整个城市只靠一条长堤与意大利大陆半岛连接。岛与岛之间只凭各式桥梁错落连接，初来乍到很快便会迷失在这座"水城"中，找不到路。好在有大运河呈S形贯穿整个城市。沿着这条号称"威尼斯最长的街道"，可以饱览威尼斯的精华而不用担心迷路。沿岸的近200栋宫殿、豪宅和七座教堂，多半建于14~16世纪，有拜占庭风格、哥特风格、巴洛克风格、威尼斯式等等，所有的建筑地基都淹没在水中，看起来就像水中升起的一座艺术长廊。平日里大运河真的像一条熙熙攘攘的大街一样，各式船只往来

穿梭其上，最别致的当然还是贡多拉。

威尼斯是世界著名的水城，它的美是水和桥构成的。今天，它是世界上唯一没有汽车的城市。威尼斯水城大街小巷都有着特殊风光。有些水道比北京的小胡同还要狭窄，两条船不能并开，只能单行。街道两旁都是古老的房屋，底层大多为居民的船库。连接街道两岸的是各种各样的石桥或木桥。它们高高地横跨街心，一点也不妨碍行船。威尼斯的桥梁和水街纵横交错，四面贯通，人们以舟代车，以桥代路，陆地、水面，游人熙攘，鸽子与海鸥一起飞，形成了这个世界著名水城的一种特有的生活情趣。在威尼斯的众多座桥梁中，以火车站为通往市中心的利亚德桥最为有名，又名商业桥，它全部用白色大理石筑成，是威尼斯的象征。大桥长48米，宽22米，离水面7米高，桥两头用12 000根插入水中的木桩支撑，桥上中部建有厅阁，横跨在大运河上。大大小小的船只从太阳型的桥洞中穿梭，里亚托桥建于1180年，原先是一座木桥，后改为吊桥。在1444年的一次庆典中，因不堪重负，大桥折断。1580~1592年，改建为现在的石桥。桥顶有一浮亭，桥两侧是20多家首饰商店和卖纪念品的小摊。夜间泛舟威尼斯，独有一番情趣。每年都有成千上万的游客来到意大利威尼斯，来感受她的美丽、温馨和浪漫。

此外，威尼斯有毁于火中又重生的凤凰歌剧院、徐志摩笔下忧伤的叹息桥、伟大的文艺复兴和拜占庭式建筑、世界上最美的广场之一——圣马可广场、美得令人窒息的回廊、酝酿着浪漫气息的彩虹岛、充满风趣的玻璃岛……大师安东尼奥尼电影中最美的段落有一些就是在这儿拍摄。这儿是文艺复兴的精华。

⊠ 拯救威尼斯

2001 年 1 月 1 日清晨，警报声响彻威尼斯城，提醒人们洪水即将到来。威尼斯人又将面临一场与水的战争，在这场战争中，他们已经处于下风——洪水正在吞噬威尼斯，也许在这个世纪末，威尼斯就会沉入水底。

几经周折之后，一项耗资 30 亿美元的新防洪闸门建设工程终于定在 2009 年 10 月动工。尽管如此，一些科学家对该工程仍持有异议。他们认为：一方面，工程的实施会破坏生态环境；另一方面，全球气候变暖而引起的海平面升高会导致工程失效。

CHEN GSHI DE SU SHUO

雅典——西方文明的摇篮 >

雅典是希腊的经济、财政、工业、政治和文化中心，也是欧盟的商业中心之一。

古雅典是一个强大的城邦，是驰名世界的文化古城。希腊是哲学的发源地，是柏拉图学院和亚里士多德讲学场所的所在地。苏格拉底、希罗多德、伯里克利、索福克勒斯、阿里斯托芬、欧里庇得斯、埃斯库罗斯和其他著名的哲学家、政治家和文学家都在雅典诞生或居住过，雅典也因此被称作"西方文明的摇篮"和

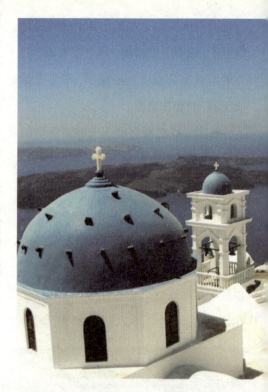

民主的起源地。公元前5世纪和4世纪在文化和政治上的成就对欧洲及世界文化产生重大影响。

公元前5世纪，雅典产生三大喜剧诗人：克拉提诺斯、欧波利斯和阿里斯托芬。只有阿里斯托芬传下一些完整的作品，被誉为希腊"喜剧之父"。传说阿里斯托芬一共有44部作品，现仅存11部，包括《阿卡奈人》、《鸟》和《和平》等。

雅典是奥运会起源的地方。1896年曾举办过第一届夏季奥运会。2004年，第二十八届夏季奥林匹克运动会在雅典举行。2004年奥运会在雅典奥林匹克体育场举行，该体育场是目前世界上最好的体育场之一。

CHEN GSHI DE SU SHUO

> 雅典和雅典娜

　　古希腊语中，雅典是智慧与正义战争女神雅典娜的名字。据说，雅典娜成为雅典的守护神的传说和女神与波塞冬之间的争斗有关。当雅典首次由一个腓尼基人建成时，波塞冬与雅典娜争夺为之命名的荣耀。最后达成协议；能为人类提供最有用东西的人将成为该城的守护神。波塞冬用他的三叉戟敲打地面变出了一匹战马。而雅典娜则变出了一棵橄榄树——和平与富裕的象征。因战马被认为是代表战争与悲伤，因此这座城市就以女神的名字命名为雅典，女神很快将该城纳入她的保护之中。

伯尔尼——表都、熊城

伯尔尼是瑞士的首都和伯尔尼州的首府,位于瑞士的中西部。伯尔尼城始建于12世纪末,至18世纪建成现在的规模,至今已有800多年的历史。自从1848年瑞士联邦政府设立在这里以来,伯尔尼一直是瑞士的政治和文化中心。伯尔尼位于瑞士西部高原中央山地,坐落在莱茵河支流阿勒河一个天然弯曲处,湍急的河水从三面环绕伯尔尼老城而过,形成了一个半岛。

伯尔尼这一名称是从德文"熊"字演绎而来,德语中熊一词的发音是"拜尔",后渐变为"伯尔尼"。传说12世纪末,统治瑞士中东部的扎灵根公爵要在伯尔尼这个地方建立要塞,为给城市取名,扎灵根公爵决定外出打猎,以打到的第一只野兽作为城市名,结果打死一头熊,于是以"熊"字为该城命名。因为这个历史的渊源,至今伯尔尼人对熊仍特别偏爱,熊的形象处处可见。无论是街道中心的喷泉中,还是那些古老的建筑物上,几乎都有熊的雕塑。

提及瑞士,人们自然会联想到钟表,因这个国家以钟表工业闻名于世,享有"钟表王国"的美称,而首都伯尔尼也以"表都"著称,钟表商店比比皆是,即使到了郊外山乡小镇,也随处可见装潢雅致的钟表铺。走在伯尔尼大街上,犹如漫游在钟的海洋,表的世界,到处是醒目的钟表广告。

CHEN GSHI DE SU SHUO

巴拿马城——跨洲连洋的城市

　　巴拿马城被称为跨洲连洋的城市，因为一条巴拿马运河亘贯城市，连通了北美洲和南美洲，太平洋和大西洋。

　　巴拿马城原是印第安人的一个渔村，现分为古城、旧城和新城三部分，人口83万，是一座历史悠久的著名城市。公元1513年，航海家巴博亚从大西洋登上美洲中部大陆，当他在一座山上察看地势时，忽然在望眼镜里看见了太平洋，马上意识到这块地方在地理上具有重要意义，便星夜兼程，来到太平洋畔，选择一个渔村作为立足之地，陆续修建了一些房屋，并且沿用当地印第安人的称呼，把这个地方叫做"巴拿马"，意思为"渔村"，这便是巴拿马城的前身。1519年，西班牙王朝派达维拉来到这里任总督，他到任后，便大兴土木，将渔村扩建成城镇，宫殿、监狱、公园、商店、医院相继出现，巴拿马城从此正式宣告诞生。在随后的一段岁月里，巴拿马城成为西班牙殖民者奴

役美洲印第安人的基地和从事宗教活动的中心，也是西班牙殖民者在美洲搜刮财富、贩卖黑奴的集散地，西班牙殖民者将从四面八方掠来的大量金银珠宝集中在城里，然后转运到西班牙本土。巴拿马城的大量财富，也自然引起了海盗的垂涎，1671年，英国海盗摩尔根用武力攻入巴拿马城，在洗劫一空后，纵火将整个城市烧为废墟。1673年，在古城废址以西约8千米处重建巴拿马城，1903年被定为巴拿马共和国的首都。今天，巴拿马城的面积已扩展到100多平方千米，是巴拿马全国政治、经济和文化中心。

堪培拉——"不设围墙的都城"和"大洋洲的花园城市"

堪培拉是个年轻的城市，早在100多年前，这里还是澳大利亚的一片不毛之地，1820年被人发现，此后有移民来建牧场，到1840年发展成一个小镇。1901年，澳大利亚联邦政府成立以后，为定都问题，悉尼和墨尔本两大城市争执不下，一直争了八九年，直到1911年，联邦政府通过决议，在两个城市之间，选一个风调雨顺、有山有水的地方建立新首都，于是选了这块距悉尼238千米，距墨尔本507千米的空地。这就是堪培拉的雏形。

1912年，联邦政府主持了一次世界范围内的城市设计比赛，一年之后，国会从送来的137个版本中，选中了美国著名风景设计师、36岁的芝加哥人沃尔特·伯里·格里芬的方案。这位设计师描绘的堪培拉街道图是他和他的妻子（也是一位建筑师）共同画在一块棉布上的，这份珍贵的原作至今仍保留在澳大利亚国家档案馆。建设中间，经过了因第一次世界大战

CHEN GSHI DE SU SHUO

的停顿，共用了14年，于1927年建成，并迁都于此。后来，又为确定新首都的名字商讨了好长时间，最终选择了当地居民的传统名称——堪培拉，意思是"汇合之地"，民众又叫做"聚会的地方"。

堪培拉城市位于澳大利亚山脉区的开阔谷地上。海拔760米。莫朗格洛河横穿市区，西流入马兰比吉河。堪培拉的城市设计十分新颖，环形及放射状道路将行政、商业、住宅区有机地分开。城市中心的格里芬湖喷泉，即为纪念库克船长上岸200周年而建的"库克船长纪念喷泉"水柱高达140米，极为壮观。全城树木苍翠，鲜花四季，每年9月，堪培拉都举办花节，以数十万株花迎接春天的到来，被誉为"大洋洲的花园城市"。

堪培拉是一座没有围墙的首都。不设围墙的法令，早在1927年迁都时就开始实行，任何机关、个人以及外国使馆都不得违反。代替围墙的是以花草树木结成的绿篱。参天的合欢树、桉树等高大树种，是政府机关的屏障，兰桂等奇花异木围绕在富豪人家的庭院，梨树、蔷薇等多植于平民百姓家房前屋后。各国使馆则从世界各地带来了本国的花木结篱为障，来到使馆区，就像走进了列国植物园。

CHEN GSHI DE SU SHUO

音乐之都——维也纳 〉

维也纳，奥地利首都，2011年8月30日，在最新一期全球最适合居住城市报告中，维也纳在全球最适合人居的城市排名第二位。享誉世界的文化名城，有"音乐之都"的盛誉，许多音乐家都在此度过大部分生涯，至今博物馆里还有他们的手迹和创作的乐谱。又有以精妙绝伦、风格各异的建筑而赢得的"建筑之都"的美称；又以历史悠久被称为"文化之都"；以精妙绝伦的装饰而被称为"装

饰之都"。维也纳的新年音乐会已成为国际性的音乐盛会。位于奥地利东北部阿尔卑斯山北麓维也纳盆地之中，三面环山，波光粼粼的多瑙河穿城而过，四周环绕着著名的维也纳森林。面积414.65平方千米，人口170万（2008年统计），占全国人口1/5以上。西欧至巴尔干半岛的铁路枢纽，多瑙河港。维也纳还是多瑙河第一个流经的大城市，因此有多瑙河的女神之称。夏天还举行露天音乐会。每一家都会在合家欢乐时演奏古典音乐。更有趣的是，在政府会议前后，也都要演奏一曲。

约翰斯特劳斯

利马——无雨之都 >

秘鲁共和国首都、利马省首府利马跨里马克河南、北岸，利马的名字即来源于里马克河。东北有圣克里斯托瓦尔山，西连太平洋岸的港口城市卡亚俄。是秘鲁全国最大经济、文化中心。位于沿海灌溉绿洲上；热带沙漠气候，因受秘鲁寒流影响，气候温和干燥。人口占全国人口的四分之一以上。

利马是世界各国各都中降雨量最少的一个每年降雨量仅10~15毫米，故有"无雨之都"的称号。

热带沙漠气候，大部分地段处于南太平洋副热带高压东缘，气流下沉作用显著，秉性干燥，另外这里盛行风向（东南信风）基本与海平面平行，不易使水汽抬升；大陆岸外有强大的秘鲁寒流流过，沿海空气与寒流水面接触，下层冷却，形成了稳定的逆温层，水汽只能形成雾，难以向上输送成云致雨！

利马是世界上闻名的无雨城市，一年四季，没有雷鸣电闪，没有疾风暴雨，至于结冰、下雪更是闻所未闻的事情。利

马的降雨特点是，由浓湿雾形成的露珠以霏霏的粉状飘落下来。降雨期，天空灰茫茫一片，阴霾多日不散，迷雾蒙蒙，时间一长，路面湿润，草木滴水，土地渗透。 利马虽然降雨较少，但气温并非酷热可怕，年平均气温在19℃左右，最冷时月平均气温为16℃，最热时月平均气温不超过24℃，是名符其实的四季如春。利马市不仅气候温和，而且植物茂盛。条条街道绿树成荫，街心公园遍布全市，在那些空隙土地上，不是种花，就是植草；每个居民住宅区都是宁静幽雅的绿化区，栋栋楼前树木葱郁，家家墙头露出片片绿叶、串串红花。正是由于绿化工作搞得好，尽管利马市区与西部沿海茫茫的沙漠地带近在咫尺，却见不到黄沙弥漫或飞沙走石的景象。城市空气十分清新，室内家具多日不擦依旧一尘不染，游客外出游玩返回旅馆，脚上的皮鞋照样油光闪亮。秘鲁西部沿海地带，因常年干燥无雨，天长日久，便形成一片茫茫沙漠地区。利马市处在沙漠包围之中，驱车出

城，只见公路两旁，近处沙丘重叠，远方层层沙浪，无垠的沙漠与浩瀚的太平洋海面交相映照，别是一番情景。

在这座"无雨之都"里，你会发现许多"奇怪"的现象。比如，街道上居然没有一处下水道，城里的大量居民住宅都是土坯房，有的住房干脆就是用纸板拼成的，更有甚者，有的住房居然没有盖房顶。再有，利马市民从来不购置雨伞、雨衣等雨具。这些"奇怪"的现象其实对利马人来说一点也不奇怪。相反，如果突然有一场大雨倾盆而至，那对利马人来说才是最大的怪事呢。

104

世界上海拔最高的城市——日喀则 〉

日喀则，西藏第二大城市，是世界上海拔最高的城市——市中心海拔高度为3962米，比拉萨市海拔高度3619米还要高出343米。面积18.2万平方千米，人口9万，市区平均海拔4100米以上，被誉为世界海拔最高城市。日喀则，藏语意为"最好的庄园"。日喀则是历史上后藏的政治、宗教、文化中心，也是历代班禅的驻锡之地。

住在日喀则，要比拉萨市的高原反应更加强烈一些。半夜还因为氧气不够，常常将人憋醒过来，感觉胸闷气短，呼吸急促，泪流满面。住宿在日喀则时，您务必要注意：晚上睡觉时，千万要注意安全，如果觉得胸闷、气促，就要立即起来坐一坐，喝点水。否则，很容易在睡梦中窒息而亡，就将永远地睡下去了。害怕了吧，别怕，没那么严重，只是防止万一。

意大利蒙汉西奥城：世界最小的城市 〉

坐落在意大利境内阿尔卑斯山山坡上的蒙汉西奥城，是世界上最小的城市。这个城市人口注册簿上只有32人的名字，而常年生活在此的仅有10人克罗地亚的呼姆，位于克罗地亚旅游胜地的利亚半岛中部，占地仅两公顷，人口24人，在《世界城市杂志》中被列为全球最小的城市。呼姆建于公元7世纪，是古代斯拉夫文化中心之一，在行政管理方面有着浓郁的中世纪色彩。权力机构是市议会。按照传统，24位市民中最年长的12位是当然的议员，再从中选举产生议会主席。目前，呼姆市只有7户人家，共有24人，其中有孩子6人，仅有的一个女孩被称为呼姆的"小公主"。呼姆市虽然地处僻壤，但也不乏现代化生活的标志。这里每家都有小汽车和各种家用电器设备，通讯方便，生活水平并不比大中城市差。全市只有一家百货商店，一家酒店，一处墓地和两所教堂，没有工厂和学校。另一座最小城市位于意大利，最近一次人口普查的结果表明，意大利的蒙塞尼西奥，是世界上最小的城市。市政府人口登记册上的名单是三十二人，但实际常住在该城的居民只有十人，四男六女，分为四户人家，其余

二十二人一到冬天便离开这里到别处居住。这座微型城市的居民唯一的经济来源是出售他们自制的乳酪。更有趣的是，只有三十二人的小城却有两个政党：目前执政的"山脉党"和在野的"钟楼和十字架党"。妇女不参政，十五名男性全部是市政府的官员。城里没有学校、医院、电影院，只有一座十六世纪的教堂。

"马德罗丹小人国"是一座特殊的小城市，面积只有1.8平方公里，而"居民"都是寸把高的"小人"，小人国建于1952年，是马都拉夫妇为纪念他们在第二次世界大战中牺牲的儿子而出资建造的，作为献给荷兰儿童的一件礼物。小人国有自己的城徽，市长由当今荷兰女王贝娅特丽克丝担任，市议会议员由海牙30名海牙小学生组成。1972年，被"荷兰城市联盟"接纳为正式会员，成为世界上最小的城市。城内汇集了以25：1比例缩小的荷兰国内120多座著名建筑和名胜古迹。

波兰华沙——世界上绿化最好的城市 ❯

波兰首都华沙是一座具有700年历史的古城，16世纪末成为首都，曾是欧洲一大都市。第二次世界大战中，华沙遭到严重破坏，约有80万人丧生，85%的建筑被毁，几乎变成了一座"死城"。战后，波兰人民在废墟上重建自己的首都，经过40年的建设，一座工业发达、科学技术先进，既实用又满城翠绿的现代化都市已告建成。

全市面积446平方千米，拥有大小公园65处，条条大街绿意葱葱，绿草坪和小花坛星罗棋布，整个城市掩映在绿荫花海之中。全市共有绿地面积120平方千米，约占城市总面积的27%，人约占有77.7平方米，位居世界各大城市之首。

华沙绿化的特点之一是绿色都市并非像大海中的孤岛，而同郊外的防护林带衔接在一起，市区与郊区成为一个完整的绿化体系。华沙绿化的另一突出特点是城市绿化与果菜园相结合，现有果菜园27平方千米，占全市总面积的6%。果菜园里建有棚室，专向城市居民出租。

举目四望，华沙市就像一幅优美的图画展现在眼前：静静的维斯瓦河从市区婉蜒流过。街道两旁还没有活动花盆车，车上摆放着许多五颜六色的鲜花。每幢居民楼的房上和阳台上也摆满了花。远远望去，就像一座空中大花园。

华沙的法律规定，任何一个新建单位必须有50%以上面积作为绿化用地，而且绿化必须和建房同时完工。

华沙尽管处处是花草树木，却看不到"请勿摘花"、"禁止践踏草坪"之类牌子，因为大人小孩都已养成爱护花草的习惯。

108

沙漠古都——开罗 >

开罗位于世界第一长河——尼罗河三角洲的顶部附近,东、南、西三面都被撒哈拉沙漠包围,气候炎热干燥,是世界最大的沙漠城市。所以有"沙漠古都"的美称。公元969年,美洲大陆还没有被发现之前,开罗已是阿拉伯帝国法蒂玛王朝的国都了。"开罗"在阿拉伯文字中也就是"胜利"的意思。13世纪城市规模进一步扩大,成为远近的贸易、文化中心。开罗既有反映阿拉伯民俗传统风格的老城,也有按西方现代建筑风格建设起来的新城;现代文明与古老传统相互融合,彼此并存,是开罗的一大特色。与尼罗河平行的科尼奇大街是开罗的主要交通线,开罗的市区分布在尼罗河两岸。东岸,有着建于11~16世纪的老城,开罗的名胜古迹大都集中在这里,仅古迹就有400多处。其中有建于12世纪的萨拉丁城堡和许多著名的清真寺,还有具有阿拉伯古代风貌的大市场,市场上陈列着铜器、纺

织品、地毯、琥珀、香料等物品，任人挑选、购买。老城区的房屋比较低矮，街巷狭窄，保持着古代风貌。

尼罗河西岸，是19世纪以来迅速发展起来的新市区。新市区内高楼林立，187米的开罗塔高高地俯瞰着全城。在宽阔的新区马路上，到处奔驰着电车和汽车；而在老城的街道中，却不时可以看到古老的马车和沙漠特有的骆驼在往来。

伊斯兰教是埃及的国教。开罗的500多万埃及居民中，穆斯林占80%以上。开罗全城分布着一千多座清真寺，寺顶的塔尖，好似满天星斗，点缀在城市上空。开罗这个沙漠古都因而又获得了"千塔之城"的称号。开罗西南郊的大金字塔和狮身人面像，更使开罗成为令全世界游人非常神往的历史名城。

110

世界最寒冷的城市：俄罗斯雅库茨克 〉

俄罗斯的雅库茨克是世界上最寒冷的城市。雅库次克位于北纬62°，在西伯利亚大陆腹部，冬天气温常降至-60℃，夏天最热可达40℃，温差100℃，为全世界大陆性气候表现最典型的城市。故有"世界寒都"与"北极寒都"之称。因其到处都积雪结冰，又被称为"冰城"。

雅库茨克市是俄罗斯雅库特自治共和国的首府，距北冰洋极近，建于1632年，从莫斯科到雅库茨克市距离为8468千米。雅库茨克市内有两个区，分别为十月区和亚拉斯拉夫斯克区，人口22万，居民多以雅库特人为主。雅库茨克1月份的平均气温为零下40.9℃，而7月份的平均气温为18.7℃。

全城建在坚如岩石的永久冻土上面，但表面1.2米厚活动土层冬冻夏融，

木桩必须深深扎入活动土层之下，将房屋建在离地1米的桩上，以免土地融化，毁了建筑物。自来水管也铺在路面，以免一冻一融而破裂；还要一路设加油站，严防水在管内冻结。门窗要设3~4层，防止冷气侵入。尸体埋在活动土层以下永不腐烂，几万年前的猛犸尸体出土时新鲜如初。

这里还不是地球上人类最寒冷的居住地。自这里乘飞机或搭汽车往东北650千米，即到世界最冷的居民点奥伊米亚康镇，人口近千，1月平均温度-51.5℃（北极-41℃），极端最低气温-73℃，那是20世纪50年代以前公认的世界"冷极"，1960年被南极东方考察站的-88.3℃的纪录所取代。

● 中国名城

中国首都北京 〉

　　北京，中国第二大城市，中华人民共和国的首都和直辖市、中国国家中心城市，中国政治、文化和国际交流中心。北京位于华北平原北端，东南与北方经济中心天津相连，其余为河北省所环绕。北京有着3000余年的建城史和850余年的建都史，是"中国四大古都"之一，其最早见于文献的名称叫作"蓟"。北京荟萃了自元明清以来的中华文化，拥有众多名胜古迹和人文景观，是全球拥有世界文化遗产最多的城市。北京也为华北地区降雨最多的地区之一。其历史悠久的国际高等大学北京大学、清华大学也坐落于北京。

⊠ 历史

中国西周时成为周朝的诸侯国之一的燕国的都城。自中国金朝起成为古代中国首都——中都。自元代起，开始成为全中国的首都。元朝国都，元大都，或称大都，由于忽必烈是蒙古大汗国的大汗，蒙古文称为"汗八里"，意为"大汗之居处"。元大都其城址位于今北京市区，北至元大都城遗址，南至长安街，东西至二环路。明朝自成祖后开始对北京进行大规模扩建，清朝在延续明北京城的基础上又进行了一些修缮和扩建。至清末北京成为当时世界上最大的城市。

长安街

自秦汉以来北京地区一直是中国北方的军事和商业重镇，名称先后称为蓟城、燕都、燕京、涿郡、幽州、南京、中都、大都、京师、顺天府、北平、北京等。

四合院和胡同：四合院是以正房、倒座房、东西厢房围绕中间庭院形成平面布局的北方传统住宅的统称。北京四合院源于元代院落式民居，是老北京城最主要的民居建筑。一座座青瓦灰砖的四合院之间形成的窄巷，就是著名的老北京胡同。

　　北京烤鸭是具有世界声誉的北京著名菜式，用料为优质肉食鸭北京鸭，果木炭火烤制，色泽红润，肉质肥而不腻。北京烤鸭分为两大流派，而北京最著名的烤鸭店也即是两派的代表。它以色泽红艳，肉质细嫩，味道醇厚，肥而不腻的特色，被誉为"天下美味"而驰名中外。

　　除此之外，八达岭长城、天安门广场、故宫、天坛等也是北京不可不去的地方。

北京烤鸭

天坛

故宫

> 东方的歌剧——京剧

　　京剧：京剧是地道的中国国粹。京剧的源头还要追溯到几种古老的地方戏剧，1790 年，安徽的四大地方戏班——三庆班、四喜班、春公班、和春班——先后进京献艺，获得空前成功。徽班常与来自湖北的汉调艺人合作演出，于是，一种以徽调"二黄"和汉调"西皮"为主，兼收昆曲、秦腔、梆子等地方戏精华的新剧种诞生了，这就是京剧。在 200 多年的发展历程中，京剧在唱词、念白及字韵上越来越北京化，使用的二胡、京胡等乐器，也融合了多个民族的特色，终于成为一种成熟的艺术。京剧集歌唱、舞蹈、武打、音乐、美术、文学于一体，与西方歌剧有类似之处，所以被西方人称为"Peking Opera"。

115

上海——中国第一大城市 ＞

　　上海市简称"沪"，别称"申"，地处中国漫长海岸线的最正中，世界第三大河、亚洲第一大河——长江的入海口以及亚太城市群的地理中心。上海全市面积为6340平方千米；截至2010年，上海城镇人口占总人口89.3%，城镇化水平居全国首位；人口密度为每平方千米3631人，是全国人口密度最大的城市；它的常住人口2302万，其中沪籍人口1412万，是中国第一大城市，也是世界人口最多的城市之一。上海属亚热带湿润季风气候，四季分明。1、2月最冷，最低气温为-5℃~-8℃，通常7月最热，最高气温达35℃~38℃。

中国社会科学院发布的《2011年中国城市竞争力蓝皮书：中国城市竞争力报告》蓝皮书中指出上海，在国内城市中仅次于香港，位列第2（分别是香港、上海、北京、深圳、台北、广州、天津、高雄、大连、青岛）。在2011全球城市排行榜中香港第5，北京第15，上海第20，3个城市共同进入世界20强。

CHEN GSHI DE SU SHUO

⊠ 经济

1949 年以前，上海曾是远东第一金融中心，无论股票、黄金、外汇等金融市场规模全部雄踞亚洲第一。上海是全球第二大期货交易中心，仅次于芝加哥；全球最大黄金现货交易中心；全球第二大钻石现货交易中心，全球三大有色金属定价中心之一。在 2010 年社科院发布的《2009—2010 年度全球城市竞争力报告》中，上海在中国仅次于香港，位于台北之前，三个城市共同进入全球前 50 强。

上海是中国会展之都，展会数量居全国首位，会展年总收入占全国近 50%。上海是世界体育之都，世界最高级别的单项常驻赛事几乎都落户在了上海，F1、国际田联钻石联赛、ATP1000 网球大师赛、斯诺克大师赛、汇丰高尔夫世界锦标赛等常年在上海开站，如此规模密集的国际赛事，傲视全亚洲。

⊠ 金融市场

　　作为中国大陆第一金融中心，上海几乎囊括了全中国所有的金融市场要素：上海证券交易所、期货交易所、中国金融交易所、钻石交易所、黄金交易所、石油交易所、产权交易所、航运交易所、金融衍生品交易所、银行间债券市场、中国外汇交易中心、中国资金拆借市场、国家黄金储备运营中心、国家外汇储备运营中心、上海清算所（中国人民银行清算总中心）、中国人民银行上海总部（央行征信系统中心、支票节流数据处理中心）、中国四大银行（农行、中行、工行、建行）上海总部、各大外资银行大中华总部、中国反洗钱资金监控中心、上海银行间同业拆放利率、中国保险交易所。

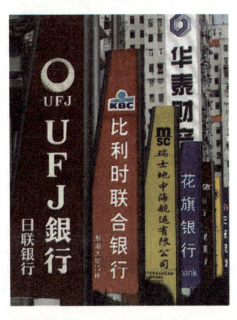

⊠ 文化

　　上海的文化被称为"海派文化"。它是在中国江南传统文化（吴文化）的基础上，与开埠后传入的对上海影响深远的欧美文化等融合而逐步形成，既古老又现代，既传统又时尚，区别于中国其他文化，具有开放而又自成一体的独特风格。中国改革开放以来上海举办过多次大型文化活动，并建造了多所全国一流的文化设施，包括了上海大剧院、上海博物馆、上海图书馆、上海影城等。每年上海还举办艺术节、电影节等文化活动。

　　上海是国家历史文化名城，共有19项全国重点文物保护单位，136项上海市文物保护单位和4座上海市级历史文化名

上海博物馆

119

CHEN GSHI DE SU SHUO

镇。上海城隍庙坐落于上海旧时最为繁华的城隍庙旅游区，是上海地区重要的道教宫观，始建于明代永乐年间（1403~1424年），距今已有600年的历史。在文化大革命时期，遭受了重大的打击，神像被毁，庙宇被挪为他用。现已修复。1949年以前，上海是一个纸醉金迷的地方。当时的"百乐门"舞厅素有"远东第一乐府"之称，"大世界"则是当时中国最富盛名的娱乐中心。顶级影院和酒店亦是荟萃上海。例如，始建于1928年的大光明电影院，是亚洲首部有声电影的放映地。

上海音乐厅则是当时世界音质最好的4座音乐厅之一。国际饭店雄踞亚洲第一高楼宝座数十载，更因其华美吸引了一位

少年立下学建筑的志愿，他就是20世纪最著名的华人建筑师贝聿铭。浦江饭店是亚洲第一座近现代酒店，亚洲第一盏路灯亦在此点亮。和平饭店则被誉为远东第一奢华酒店。

上海城隍庙

上海音乐厅

民中占优势的苏州和宁波两地影响巨大。20 世纪 30 年代，是上海话的黄金时期。和香港类似，上海的作家们意译或者音译很多英文新单词，用到书面文本中去，然后被普通话吸收。为此，现在中小学的学生，有一部分难以用上海话与他人交流，甚至听不懂上海话了。所以现在社会各界人士都呼吁要保护上海话，保护方言。

⊠ 方言

上海话是上海开埠以后吴语区各地移民口音，在松江方言基础上自然融合而成的新型城市吴语，自 20 世纪上半叶开始逐渐取代苏州话在吴语地区的权威地位，成为吴语区的代表和共通语言。语音受移

⊠ 饮食

上海人称的本帮菜指的是上海本地风味的菜肴，特色可有用浓油赤酱（油多味浓、糖重、色艳）概括。常用的烹调方法以红烧、煨、糖为主，品味咸中带甜，油而不腻。本帮炒菜中，荤菜中特色菜有响油鳝糊、油爆河虾、油酱毛蟹、锅烧河鳗、红烧圈子、佛手肚膛、红烧回鱼、黄焖栗子鸡等，真正体现本帮菜浓油赤酱的特点。上海蔬菜按季节不同有各种时令菜。马兰头、荠菜、鸡毛菜、上海小油菜等都非常清爽。市民早点——四大金刚：大饼、油条、粢饭、豆浆。

上海小笼包

⊠ 文化节日

上海的文化节日有上海国际电视节、上海国际电影节、上海国际艺术节、上海国际旅游节、上海之春国际音乐节等。上海电视节是中国创办最早的国际电视节，1986 年创立。上海国际电影节"金爵奖"创办于 1993 年，是中国唯一的国际 A 类电影节，也是全球九大 A 类电影节之一。

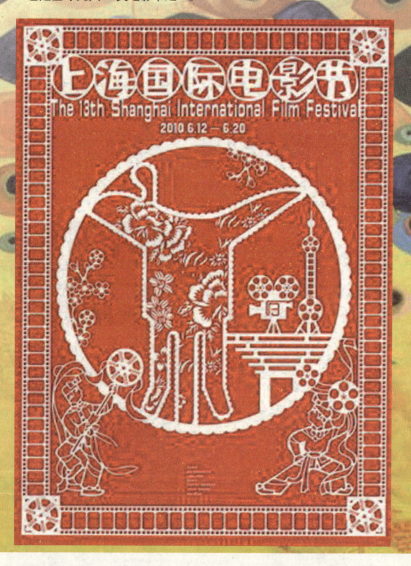

香港 〉

香港是繁华的国际化大都市。1842年至1997年，香港是英国的殖民地；1997年7月1日，中国对香港恢复行使主权。香港是国际重要的金融、服务业及航运中心，也是继纽约、伦敦之后的世界第三大金融中心。香港是中西文化交融的地方，同时为全球最安全、富裕、繁荣和生活高水平的城市之一，有"东方之珠"、"美食天堂"和"购物天堂"等美誉。香港把华人的智慧与西方社会制度的优势合二为一，以廉洁的政府、良好的治安、自由的经济体系以及完善的法治闻名于世。

鸦片战争

⊠ 地理位置和历史

　　香港地处华南沿岸，在中国广东省珠江口以东，由香港岛、九龙半岛、新界内陆地区以及 262 个大小岛屿（离岛）组成。香港北接广东省深圳市，南面是广东省珠海市万山群岛。香港与西边的澳门隔江相对，距离为 61 公里，北距广州。

　　香港的历史，最早可以追溯到 5000 年前的新石器时代。秦始皇统一中国后，先后在南方建立了南海、桂林、象郡三个郡，香港隶属南海郡番禺县，由此开始，香港便置于中央政权的管辖之下。汉朝香港隶属南海郡博罗县。东晋咸和六年（公元 331 年）香港隶属东莞郡宝安县。隋朝时香港隶属广州府南海郡宝安县。唐朝至德二载（公元 757 年），改宝安县为东莞

县，香港仍然隶属东莞县。宋元时期，内地人口大量迁至香港，促使香港的经济、文化得到很大的发展。明朝万历年间从东莞县划出部分地方成立新安县，为后来的香港地区。香港岛自此由明神宗万历元年（公元 1573 年）起，一直到清宣宗道光二十一年（公元 1841 年）成为英国殖民地为止，该地区一直属广州府新安县管辖。

　　香港是一个优良的深水港，曾被誉为世界三大天然海港之一，英国人早年看中了香港的维多利亚港有成为东亚地区优良港口的潜力，不惜以鸦片战争来从清政府手上夺得此地以便发展其远东的海上贸易

124

事业,从而开始了香港成为殖民地的历史。

香港全境的 3 个部分（香港岛、九龙、新界）分别来源于不同时期的 3 个不平等条约。1840 年第一次鸦片战争后,英国强迫清政府于 1842 年签订《南京条约》(原名称《江宁条约》),只割让香港岛。1856 年英法联军发动第二次鸦片战争,迫使清政府于 1860 年签订《北京条约》,割让九龙半岛,即今界限街以南的地区。1894 年中日甲午战争之后,英国逼迫清政府于 1898 年签订《展拓香港界址专条》,强租新界,租期 99 年,至 1997 年 6 月 30 日

结束。新界的租借,让当时香港的面积扩大了 10 倍之多。

1982 年至 1984 年,中英两国就落实香港前途问题进行谈判,在 1984 年签订《中华人民共和国政府和大不列颠及北爱尔兰联合王国政府关于香港问题的联合声明》,决定 1997 年 7 月 1 日中华人民共和国对香港恢复行使主权。中方承诺在香港实行一国两制,香港将保持资本主义制度和原有的生活方式,并享受外交及国防以外所有事务的高度自治权,也就是"港人治港、高度自治"。

◙ 经济概况

　　第二次世界大战以后，香港经济和社会迅速发展，成为继纽约、伦敦之后的世界第三大金融中心。不仅成为"亚洲四小龙"之一，也是全球最富裕、经济最发达和生活水准最高的地区之一。香港是亚洲重要的金融、服务和航运中心，以廉洁的政府、良好的治安、自由的经济体系以及完善的法治闻名于世。历史的变迁，让香港从一个当年人口只有5000人的小渔村，演变成今天有"东方之珠"美誉的国际大都会。

香港国际金融大厦

香港是一个奉行自由市场的资本主义经济体系，其经济的重点在于政府施行的自由放任政策。诺贝尔经济学奖得主米尔顿·佛利民更视香港为自由放任经济的典范。商业规管精简、政府廉洁而高效率、简单低税制、法制健全、产权观念牢固、货币稳定等因素，令大部分经济学家相信香港是市场经济运作的佼佼者。香港经济以全球最自由开放而全球知名，美国传统基金会1995年起以及加拿大费沙尔学会1996年起发表的自由经济体系报告，一直将香港评定为全球第一位。优秀的地理位置、资讯流通、高效率的配套设施及服务，都对香港的经济作出贡献。2010年3月发表的全球金融中心指数第七次评分，香港位居第三名，仅次于伦敦与纽约。于2011年，于世界经济论坛的《金融稳定指数发展报告》中，香港排名亦是首位。并且连续第18年获得评级为全球最自由经济体系，经济自由度指数排名第一。

香港是继纽约和伦敦之后的世界第三大金融中心，金融机构和市场紧密联系。政府的政策是维持和发展完善的法律架构、监管制度、基础设施及行政体制，为参与市场的人士提供公平的竞争环境，维持金融及货币体系稳定，使香港能有效地与其他主要金融中心竞争。香港地理位置优越，是连接北美洲与欧洲时差的桥梁，与内地和其他东南亚经济体系联系紧密，又与世界各地建立了良好的通讯网络，因此能够成为重要的国际金融中心。此外，资金可以自由流入和流出香港，也是一项重要的因素。

◇ 语言文字

目前香港的法定语言（不称作"官方语言"）是中文和英文，而政府的语文政策是"两文三语"，即书面上使用中文白话文和英文，口语上使用粤语（俗称广州话）、普通话和英语。香港华裔人口中主要使用广东话，而非华裔人口则多以英语作交际语。香港大部分居民为非本地原居民，从中国内地、以至世界各地迁居的人，都会把自己故乡的语言带到香港。另外香港文化也受世界各地的潮流影响。因此，在香港所见的语言远不止广州话和英语。

由于中国内地推行简化字的时候，香港还是英国的殖民地，因此香港最普遍使用的汉字书体是繁体中文。

随着香港人与中国内地交流日益频繁，香港人普遍认识常用的简体字。市面上也不难看见为外地旅客而制作的简体字标语和指示牌。部分学校容许学生在使用中文做功课及考试中，使用简体字做答案。考评局也容许学生在公开考试中，使用合乎中国国家规范（即在 1986 年由中国国家语言文字工作委员会所颁布的《简化字总表》中）的简体字。

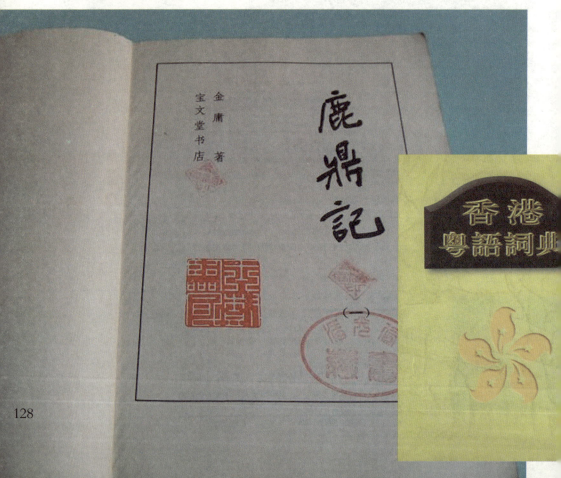

⊠ 香港名人与文化

香港虽然只有数百万人口，却涌现出不少让香港人自豪的名人。中国的第一个体育世界冠军容国团是一位出生在香港的地道的香港居民，他 20 世纪 50 年代返回中国内地，在 1959 年的第 25 届世界杯乒乓球锦标赛夺得男子单打冠军，是香港也是国家的光荣。在香港长洲出生和长大的香港运动员李丽珊在 1996 年亚特兰大奥运会上为香港夺得滑浪风帆的金牌，是另一位让香港市民振奋人心的体育名人，巧合的是，帆船是香港的象征之一，这面香港回归之前唯一的奥运金牌，让当代的香港人十分难忘。文化方面，香港报人兼作家金庸（查良镛）以其风靡全球的武侠小说系列，脍炙人口数十年，是新派武侠小说最杰出的代表作家，被誉为武侠小说作家的"泰山北斗"。香港作家李碧华、亦舒、林燕妮、梁凤仪、梁羽生、黄沾、倪匡等都是近代和当代在香港、亚洲乃至华人世界知名的文化名人。

金庸

⊠ 购物天堂

香港是自由港，被称为"购物天堂"的香港是购物人士喜欢去的地方，绝大多数的货品没有关税，世界各地物资都运来竞销，有些比原产地还便宜。香港各区都有大型商场，如太古城、沙田新城市广场等等，其内除有大型百货公司之外，还有各类商店和食肆，有些更有游乐设备，是购物和休闲的好去处。有些行业喜集中经营，因而顾客可有更多选择。其中如电脑和相关产品，深水埗地铁站邻近的高登商场和黄金商场最集中。家用电器和相机在旺角和铜锣湾较多，但宜向有信誉的商店（如贴有香港旅游协会红帆船标志者）或大型百货公司购买。五金机械店集中在旺角地铁站之广东道的三个街段内。花园街，由旺角道到太子道一段，是水果、时装和日用品摊贩的乐园。过亚皆老街后的通菜街几个街段内，就是出名的"女人街"，其情况和在油麻地天后庙两旁的庙街相似，庙街在晚上又有熟食及算命摊贩混杂，近庙处更有粤曲演唱，俨然一个普罗大众的平民夜总会。

⊠ 香港电影

香港电影始于 1913 年的首部香港电影《庄子试妻》。二次大战后，大批内地电影人才及资金南下，香港先后成立多家电影公司，令粤语片在 1950 年代异常繁荣。当中 1949 年开创的《黄飞鸿》系列电影，连拍 60 多部，成为世界史上最长寿的系列电影。有一段时期，东亚各国政府一度只容许香港电影进口，令香港享有"东方好莱坞"之称，李小龙、王家卫、吴宇森、周润发、李连杰、成龙、张曼玉、张国荣、刘德华、梁朝伟、梁家辉、周星驰，谢霆锋，在国际上均享负盛名。每年 3 至 4 月间举行的香港国际电影节及香港电影金像奖，是香港电影界每年一度的盛事。

《庄子试妻》

香港电影金像奖创立于 1982 年，是香港和两岸三地的大中华电影界最重要的奖项，与台湾电影金马奖和大陆电影金鸡百花奖并称为华语电影最高成就的三大奖，在华语电影圈中具有举足轻重的地位。

香港金像奖奖杯

131

拉萨——日光城 >

拉萨作为西藏自治区首府，长期以来就是西藏政治、经济、文化、宗教的中心，是一座具有1300年历史的古城。位于西藏自治区东南部，雅鲁藏布江支流拉萨河北岸，地理坐标为东经91°06′，北纬29°36′，海拔3650多米。东邻林芝地区，南与山南地区交界，西连日喀则地区，北接那曲地区。南北最大纵距202千米，东西最大横距277千米。总面积31 662平方千米。总人口42万人。1951年5月23日，西藏和平解放，拉萨城进入了新的时代。1960年，国务院正式批准拉萨为地级市，

西藏第一大城市，1982年又将其定为首批公布的24座国家历史文化名城之一。

拉萨市地处河谷冲积平原，是世界上海拔最高的城市之一。地势由东向西倾斜，气候属高原温带半干旱季风气候区。年日照时数3000小时以上，故有"日光城"美称。年降水量为200~510毫米，集中在6~9月份，多夜雨，称为雨季。最高气温30℃，最低气温–17℃。太阳辐射强，空气稀薄，气温偏低，昼夜温差较大，冬春寒冷干燥且多风。年无霜期100—120天。

拉萨城昔日曾是一片沼泽地，叫作

倭塘湖,传说在建大昭寺之前,文成公主运用阴阳五行的方法观察地形,认为西藏形似一仰卧的魔女,而倭塘湖乃是女魔的心脏,应填湖建寺才能消灾驱魔。工程开始后,在施工中,成群的彭波白山羊往来驮土,因为藏语"山羊"叫"惹","土"为萨,所以寺庙被称为"惹萨"。后来人们又把"惹萨"名称赐给这座城市,806年"惹萨"改称为"拉萨",即"圣地"之意。

133

图书在版编目(CIP)数据

城市的诉说/张玲编著.—北京:现代出版社,
2014.1
ISBN 978 - 7 - 5143 - 2086 - 2

Ⅰ.①城…　Ⅱ.①张…　Ⅲ.①城市史 – 世界 – 青年读
物②城市史 – 世界 – 少年读物　Ⅳ.①K915 – 49

中国版本图书馆 CIP 数据核字(2014)第 007798 号

城市的诉说

作　　者	张　玲	
责任编辑	王敬一	
出版发行	现代出版社	
地　　址	北京市安定门外安华里 504 号	
邮政编码	100011	
电　　话	(010)64267325	
传　　真	(010)64245264	
电子邮箱	xiandai@cnpitc.com.cn	
网　　址	www.1980xd.com	
印　　刷	汇昌印刷(天津)有限公司	
开　　本	710×1000　1/16	
印　　张	8.5	
版　　次	2014 年 1 月第 1 版　2020 年 12 月第 4 次印刷	
书　　号	ISBN 978 - 7 - 5143 - 2086 - 2	
定　　价	29.80 元